谋势在人

谋势在己

矛之书

——叁

观人术

（三国）刘劭 著

史半山 译注

天津出版传媒集团

天津古籍出版社

图书在版编目（CIP）数据

观人术 /（三国）刘劭著；史半山译注. —天津：天津古籍出版社，2023.11
（谋势在人·矛之书 / 观山斋人主编）
ISBN 978-7-5528-1417-0

Ⅰ. ①观… Ⅱ. ①刘… ②史… Ⅲ. ①人才学—中国—三国时代②《观人术》—译文③《观人术》—注释
Ⅳ. ① C96-092

中国国家版本馆 CIP 数据核字（2023）第189972号

观人术
GUANRENSHU

（三国）刘　劭 / 著　史半山 / 译注

出　　版　天津古籍出版社
出 版 人　张　玮
地　　址　天津市和平区西康路35号康岳大厦
邮政编码　300051
邮购电话　（022）23517902

责任编辑　杨　颖
装帧设计　汉字风

印　　刷　优速（天津）印刷有限公司
经　　销　全国新华书店发行
开　　本　710毫米 ×1000毫米　1/16
印　　张　17.5
字　　数　260千字
版次印次　2023年11月第1版　2023年11月第1次印刷
定　　价　58.00元

出版说明

中华谋略文化源远流长，博大精深。本丛书按照人们所在的“攻”“守”之势，编成“谋势在人·矛之书”和“谋势在人·盾之书”两个系列。每册书主讲一个主题，书之作者，旧皆署古人，考其文辞、内容，当属伪托之作。然其真正编纂者及编纂时代已不可考，此姑仍其旧，以俟贤者正之。

本丛书的原典篇章均较短小，说理明白浅显，甚乃不无粗疏之处，然其所论根自传统典籍之沃壤，主要展示的是优秀传统文化之精华，是为人处世之大智慧，于读者颇为有益。译注者为其做了现代文译文、文义释评，并提供了大量的扩展阅读内容。所选事例，大多从古代正史中择取，少量从野史、演义作品中摘出，为免扭曲原文意旨，仅加以适当敷衍，不做过多文饰。敬祈读者知之。

总　序

中华民族是一个重德的民族，也是一个善谋的民族。中国的古代经典中处处有谋略的影子，如《论语》的“天下有道则见，无道则隐”，《道德经》的“反者道之动，弱者道之用”，《孙子兵法》的“上兵伐谋”，《鬼谷子》的“圣人之道阴，愚人之道阳”，等等。

谋略被高度重视和广泛运用，是中国古代社会的鲜明印记之一。中国古代的封建专制制度造成了古代官场政治环境的恶劣，也造成了古代人治社会中法律规则的失位。人们难以靠公平、公正的手段来获取利益，难以靠法律规则来保护自己，由此，产生了独具特色的处世哲学和处世智慧，而谋略是其集中表现。为了生存和发展，人们各显其能，各出奇谋，共同促成了谋略文化的形成和兴盛，也不断催生出更高的谋略智慧。可以说，谋略文化是中国传统文化的重要组成部分，更是博大精深的东方智慧的代表。

应该明确指出的是，由于时代的差异和思想的局限，传统文化中难免有糟粕成分。谋略文化也是有优有劣的，我们不能盲目地全盘接受，而要有所选择，批判地继承其中有价值的思想和经验。

中国古代关于谋略的典籍浩如烟海，可究其本质，不外乎“矛”与“盾”两种。“矛”的谋略，重在传授“无中生有”、建功立业之道，强调的是主动出击，持“矛”以攻；“盾”的谋略，重在传授趋利避害、解厄脱困之道，强调的是主动退让，持“盾”以守。“矛”与“盾”是不可分割的两个部分，各有奇效，相互补充。兼顾“矛”和“盾”，便抓住了中国古代谋略书的机要，化繁为简，使人们更易于掌握精髓，达到事半功倍的阅读效果。

鉴于此，现将“谋势在人”从书按照“矛”与“盾”的内涵编成“谋势在人：矛之书”“谋势在人：盾之书”两个系列。“谋势在人：矛之书”共五册，分别是《智谋学》《仕进学》《观人术》《势书》《予学》；“谋势在人：盾之书”共五册，分别是《止学》《韬晦术》《守弱学》《解厄学》《谏学》。

“谋势在人：矛之书”和“谋势在人：盾之书”有一个共同特点、两个重要突破、三个重大启示和四个巨大价值。

一个共同特点：每册书的主题在中国古代的谋略书中都是独一无二的，且是世人极为关注的。

两个重要突破：在内容上突破了各种传统观念的束缚，在行文上突破了冠冕堂皇的说教形式。

三个重大启示：第一，谋略的核心是大智慧，而不是小聪明；第二，可以不用小人谋略，但不可不知小人谋略；第三，成大事虽离不开谋略，但更要不忘初心。

四个巨大价值：原汁原味的文献价值、客观严谨的研究价值、专题论述的理论价值、启迪人生的实用价值。

观山斋人

2018 年 6 月于北京梨花轩

观人术

（三国）刘　劭

卷一

原文

盖人物之本，出乎情性。情性之理，甚微而玄，非圣人之察，其孰能究之哉？

凡有血气者，莫不含元一为质，禀阴阳以立性，体五行而著形。苟有形质，犹可即而求之。

译文

人的本真面目来自性情。而关于性情的道理，却微妙玄奥，如不具备圣人的洞察力，那么谁又能探究得清楚呢？

凡是有血气的生命，无不包含着元气作为其根本。秉承着阴阳两极树立根性，容纳着金、木、水、火、土五种元素，并以此形成外观。如果具备了外在的形态和内在的气质，就可以根据这些探究其根本了。

卷二

原文

凡人之质量，中和最贵矣。中和之质必平淡无味，故能调成五材，

译文

在人的所有素质中，中正平和最为可贵。中正平和的资质必然

变化应节。是故观人察质，必先察其平淡，而后求其聪明。

显得平淡无味，所以能够调节金、木、水、火、土，使之和谐，并随外部的情势而变化。所以说观察人的品质，一定要先观察他是不是有着平淡的气质，然后再看他是不是聪明。

聪明者，阴阳之精。阴阳清和，则中睿外明。圣人淳耀，能兼二美。知微知章，自非圣人莫能两遂。

聪明是阴阳的精华所在。阴阳两气清扬和谐，就内心睿智，外表明达。圣贤之人淳朴明智，能够同时具有这两种美德。对隐蔽的事情和明显的事情都能够觉察，非圣贤之人是难以做到的。

卷三

原文

故明白之士，达动之机，而暗于玄虑。玄虑之人，识静之原，而困于速捷。犹火日外照，不能内见。金水内映，不能外光。二者之义，盖阴阳之别也。若量其材质，稽诸五物。五物之征，亦各著于厥体矣。

夫容之动作发乎心气，心气之

译文

所以有洞察力的人，通晓随机应变的关键，却疏于深思熟虑。而深思熟虑的人，能够把握静虑的本原，不能随机应变却是他的短处。这就如同发光的太阳向外照射，却不能照到内部。金、水内部明亮，却不能照亮外部。二者的意义，正是阴和阳的区别。如果要衡量一个人的才能和气质，可以靠五行来进行判别。五行的表征，也各自体现在这些方面。

人们的仪态举止是内在心神的

征，则声变是也。夫气合成声，声应律吕。有和平之声，有清畅之声，有回衍之声。夫声畅于气，则实存貌色。

表征。内在心神的表征，又是由声音变化体现的。心气合成了声音，声音又应和着音律。有的声音听起来心平气和，有的声音听起来清越流畅，有的声音听起来连绵回旋。声音靠心气而通畅，容貌神色又靠其得以显现。

卷四

| 原文 |

故诚仁，必有温柔之色。诚勇，必有矜奋之色。诚智，必有明达之色。夫色见于貌，所谓征神。征神见貌，则情发于目。

八观者，一曰观其夺救，以明间杂。二曰观其感变，以审常度。三曰观其志质，以知其名。四曰观其所由，以辨依似。五曰观其爱敬，以知通塞。六曰观其情机，以辨恕惑。七曰观其所短，以知其长。八曰观其聪明，以知所达。

| 译文 |

所以，一个人有真正的仁爱，神色就一定会谦恭柔和。一个人有真正的勇气，神色就一定会威严激奋。一个人有真正的智慧，神色就一定会明朗通达。神色的变化体现在外貌上，就是精神的外在表征。这种表征体现于外貌，那么内在的情感就会通过眼睛流露出来。

八观，一是要观察一个人对待利益争夺和救助他人的态度，用以辨明他的品质。二是要观察一个人的情感变化，用以审视他处世的基本方式。三是要观察一个人的志向和品质，用以了解他的名实是否相符。四是要观察一个人的行为动机，用以弄清他的行为是否似是而非。五是要观察一个人喜爱和敬重什么，用以把握他的道路是否通畅。六是要观察一个人的情绪和欲望，用以辨别他待人是宽恕还是容易受到困惑。七是要观察一个人的短处，用以知道他的长处。八是要观察他的聪明程度，用以知道他在哪些方面能够胜任。

卷五

｜原文｜

何谓观其夺救，以明间杂？夫质有至有违，若至不胜违，则恶情夺正，若然而不然。故仁出于慈，有慈而不仁者；仁必有恤，有仁而不恤者；厉必有刚，有厉而不刚者。

｜译文｜

什么叫观察一个人对待利益争夺和救助他人的态度，用以辨明他的品质呢？一个人的品性有正面和反面。如果正面不能压倒反面，那么品性中恶的一面就会战胜善的一面，有时候情况看上去是这样，但却不尽然。所以宽仁来自慈爱，也有慈爱而不宽仁的；宽仁必定会有体恤，但也有宽仁而不体恤的；严厉必定会有刚正，但也有严厉而不刚正的。

若夫见可怜则流涕，将分与则吝啬，是慈而不仁者。

如果见到了可怜的人就流泪，在施与时却变得吝啬，这就是只有慈爱而缺少宽仁。

睹危急则恻隐，将赴救则畏患，是仁而不恤者。

看到别人处于危难之中便感到同情，将要前去救援时却害怕危险，这就只是宽仁而缺少体恤。

处虚义则色厉，顾利欲则内荏，是厉而不刚者。

在空谈道义时面容严肃，遇到真正的利益诱惑时内心却变得怯懦，这就是严厉而不刚正。

然则慈而不仁者，则吝夺之也。仁而不恤者，则惧夺之也。厉而不刚者，则欲夺之也。故曰：慈不能胜吝，无必其能仁也；仁不能胜惧，无必其能恤也；厉不能胜欲，无必其能刚也。

慈爱而不宽仁，是吝啬起了决定性的作用。宽仁而不体恤，是畏惧起了决定性的作用。严厉而不刚正，是贪欲起了决定性的作用。所以说，慈爱不能战胜吝啬，就无法做到宽仁；宽仁不能战胜畏惧，就无法做到体恤；严厉不能战胜贪欲，就无法做到刚正。

卷六

| 原文 |

是故，不仁之质胜，则伎力为害器；贪悖之性胜，则强猛为祸梯。

亦有善情救恶，不至为害；爱惠分笃，虽傲狎不离；助善者明，虽疾恶无害也；救济过厚，虽取人不贪也。是故，观其夺救，而明间杂之情，可得知也。

| 译文 |

所以，如果不宽仁的本质取胜，那么一个人的所有技能与勇力就会成为带来坏处的东西；如果贪婪的性情取胜，那么强健勇猛就会成为通往祸端的阶梯。

也有性情善良的人去救助恶人，但这种行为不至于害人；有些人爱憎分明，虽然会有各自倨傲和无礼的地方，但没有什么大的过错；成就善事的人正大光明，虽有人忌恨，也不是什么大缺点。有些人喜欢慷慨地救济他人，虽然有时取他人之物，也算不上贪婪。因此，观察一个人对待利益争夺和救助他人的态度，分辨他性情中善恶的方面，就可以了解这个人了。

卷七

| 原文 |

何谓观其感变，以审常度？夫人厚貌深情，将欲求之，必观其辞旨，察其应赞。夫观其辞旨，犹听音之善丑；察其应赞，犹视智之能否也。故观辞察应，足以互相别识。

然则，论显扬正，白也；不善言应，玄也；经纬玄白，通也；移易无正，杂也。

| 译文 |

什么是观察一个人的情感变化，用以审视他处世的基本方式呢？人们常常会把自己内心的真实想法隐藏起来，要想了解一个人，必须要了解他话中蕴含的意思，体察他赞许的观点。了解他话中蕴含的意思，就像从声音中辨别是善还是恶；体察他赞许的观点，就是看他心中对各种观点持何种评价标准。所以，既要弄懂他话中蕴含的意思，也要观察他赞许的观点，这样就可以把两个方面对照起来以辨别。

然而，论点鲜明，支持正确的事物，就会让人感到明白晓畅；不善于表达和应对，就会让人感到深奥难测。能够明白晓畅深奥的道理，便是通达；说话颠三倒四，中心表达不明确，就只能算是杂乱。

卷八

| 原文 |

先识未然，圣也。

追思玄事，睿也。

| 译文 |

如果一个人能够预先知道未发生的事情，就是圣明。

如果一个人能够深入思索精妙的道理，就是睿智。

卷九

| 原文 |

见事过人，明也。

以明为晦，智也。

| 译文 |

如果一个人判断事情的见识超过常人，就是英明。

如果一个人内心精明，外表却并不显露出来，就是智慧。

卷十

| 原文 |

微忽必识，妙也。

美妙不昧，疏也。

| 译文 |

如果一个人能观察、识别任何细微的地方，这就叫作“妙”。

如果一个人很清楚什么才是美好的，这就叫作“疏”。

卷十一

| 原文 |

测之益深，实也。

假合炫耀，虚也。

| 译文 |

与人相交，越试探越发现其内蕴深厚，这就叫作“实”。

与人勉强凑合，又炫耀，这就叫作“虚”。

卷十二

| 原文 |

自见其美，不足也。

不伐其能，有余也。

| 译文 |

如果一个人自己表现自身的长处，就是不足。

如果一个人不夸耀自己的能力，就是有余。

卷十三

| 原文 |

故曰：凡事不度，必有其故。忧患之色，乏而且荒；疾疢之色，乱而垢杂；喜色，愉然以怿；愠色，厉然以扬；妒惑之色，冒昧无常；及其动作，盖并言辞。

| 译文 |

所以说，凡是不合常理的事情，必定有其自身的缘故。如果一个人内心忧虑，那么他的外表就会疲惫发暗；如果生了病，他的外表就会显得黯淡无光；欢喜的表情，显示出人们内心的愉快欢悦；发怒，则面色严厉且脸上有怒意显现；妒忌和疑惑的时候，表情往往会变得唐突冒昧，失去往日的常态；这些都与相关的动作、言语一起出现。

是故，其言甚怿，而精色不从者，中有违也；其言有违，而精色可信者，辞不敏也；言未发而怒色先见者，意愤溢也；言将发而怒气送之者，强所不然也。凡此之类，征见于外，不可奄违，虽欲违之，精色不从。感愕以明，虽变可知。是故，观其感变，而常度之情可知。

所以，如果一个人说话显得很愉快，但却没有相应的神色同时出现，那么他的话就是违心之语；如果一个人说话表达的意思不够清楚，却露出诚恳可信的神色，那么他只是不善于表达；如果一个人还没有开口讲话，却露出愤怒的神色，那么他的内心一定充满了怒火；如果一个人言语吞吐，但愤怒的神色却显而易见，那么他是在强作忍耐。以上这些不同种类的情况，说话人的真实心理已经显露出来，是无法掩饰的。即使想掩饰，别人从他的神情中也能看出来。如果我们能够明察一个人的内心感情，那么不管他的外表如何变化，我们都能清楚地了解他的真实心理。所以，观察人的情感和神色的变化，我们就可以了解他通常情况下的内心状况。

卷十四

| 原文 |

何谓观其至质，以知其名？凡

| 译文 |

怎样观察一个人的根本品质，

偏材之性，二至以上，则至质相发，而令名生矣。是故，骨直气清，则休名生焉。

来判断是不是符合他的外在名声呢？凡是偏才的人，品性中一般包含着两种或两种以上的品质，这些品质相互激发，从而使他获得美好的名声。所以，刚强果敢、气质清朗的人，更易取得美善的名声。

气清力劲，则烈名生焉。

气质清朗、体力强劲的人，就会博取强健的名声。

劲智精理，则能名生焉。

智力出众、精通事理的人，就会获得干练的名声。

智直强悫，则任名生焉。

聪慧直率、坚毅诚实的人，就会得到可以信赖的名声。

集于端质，则令德济焉；加之学，则文理灼焉。是故，观其所至之多少，而异名之所生可知也。

如果在这些品质上面，再加上端正的品质，此人的品格就完备了；再加上博学，此人的学问修养就出众了。所以说，通过观察一个人具有哪些品质，就可以了解他将会博得什么名声了。

卷十五

| 原文 |

何谓观其所由，以辨依似？夫纯讦性违，不能公正。依讦似直，以讦讦善。

| 译文 |

什么是观察一个人的行为动机，来认识和辨别他的行为是不是似是而非呢？只是一味地揭穿别人的隐私而不徇情，这不能算是公正。

当面揭露别人的隐私，看上去是很正直的行为，实际上这是在攻击好人，斥责良善之辈。

卷十六

原文

纯宕似流，不能通道，依宕似通，行傲过节。故曰：直者亦讦，讦者亦讦，其讦则同，其所以为讦则异。通者亦宕，宕者亦宕，其宕则同，其所以为宕则异。

然则，何以别之？直而能温者，德也；直而好讦者，偏也；讦而不直者，依也；道而能节者，通也；通而时过者，偏也；宕而不节者，依也；偏之与依，志同质违，所谓似是而非也。是故，轻诺似烈而寡信，多易似能而无效，进锐似精而去速，诃者似察而事烦，讦施似惠而无成，面从似忠而退违，此似是而非者也。

译文

故意放纵自己，看上去很自由，但不是正道，如此故意放纵自己，看上去通达洒脱，但实际上是行为傲慢、缺少节制的表现。所以说，正直的人爱指出别人的缺点，喜欢揭发别人的人也爱指出别人的缺点，在指出别人缺点这一点上，二者是相同的，但出发点却不一样。通达的人放纵自己，放荡的人也放纵自己，在放纵这一点上，二者也是相同的，但出发点也不一样。

那么，怎样才能区别它们之间的不同呢？品格正直而又温和，是有德行的表现；品格正直而好攻击别人，是有错误的倾向；攻击别人而自己品格却不正直，是表里不一；克制自己的情绪而又行为节制，是品格通达；通达得过分了，就产生错误的倾向；放纵自己而不节制，就是表里不一。错误的倾向和表里不一，表面看上去相同，性质却不一样，这就是常说的似是而非。所以，有的人轻易答应别人的请求，看上去豪爽，其实并不能遵守信义；有的人行事经常变化，看上去似乎很能干，但往往没有成效；有的人锐意进取，看上去精进，但不能持久；有的人爱诘问，看上去像是能够明察，实际上只会添乱；有的人假装施舍，看似是恩惠，实际上却说了不算；有的人表面顺从，看似忠厚，其实是阳奉阴违。这些都是似是而非的表现。

亦有似非而是者：大权似奸而有功，大智似愚而内明，博爱似虚而实厚，正言似讦而情忠。夫察似明非，御情之反，有似理讼，其实难别也。非天下之至精，其孰能得其实？故听言信貌，或失其真；诡情御反，或失其贤；贤否之察，实在所依。是故，观其所依，而似类之质可知也。

也有似非而是的情况：有的人握有极大的权力，看上去像是奸臣，却能有功于天下；有的人表面上愚笨，其实心里聪明；有的人有博爱的心，看上去浮泛，其实淳厚；有的人出言正直，看上去像是爱指责别人，其实是一片忠诚。因此，观察是与非，弄清楚它们各种不同的表现，掌握真实和虚假的不同情况，就像断案一样难以区别。不是天底下最为聪明的人，谁能够掌握其中的真实情况呢？所以说，听信有的人的言辞，相信他的神情，有时反而会失去真相；对真相怀疑，而相信假象，有时会失去贤才；观察一个人是不是贤良，要有具体可信的依据。所以，观察别人这些具体可信的依据，就会清楚他是哪一类的人才了。

卷十七

原文

何谓观其爱敬，以知通塞？盖人道之极，莫过爱敬。是故，《孝经》以爱为至德，以敬为要道；《易》以感为德，以谦为道；《老子》以无为德，以虚为道；《礼》以敬为本；《乐》以爱为主。

译文

什么是通过观察一个人对别人的爱敬，来断定他的为人处世之道是成功的还是失败的呢？人伦之道的极致，没有比爱敬更重要的了。所以，《孝经》把“爱”作为至高的道德，把“敬”作为道的准则；《易经》把“感”作为道，把“谦”作为道的准则；《老子》把“无”作为道，把“虚”作为道的准则；《礼》以“敬”为根本；《乐》以“爱”为主旨。

然则，人情之质，有爱敬之诚，则与道德同体；动获人心，而道无不通也。然爱不可少于敬，少于敬，则廉节者归之，而众人不与。爱多于敬，则虽廉节者不悦，而爱接者死之。何则？敬之为道也，严而相离，其势难久；爱之为道也，情亲意厚，深而感物。是故，观其爱敬之诚，而通塞之理，可得而知也。

既然这样，那么一个人的本质中如果有爱敬的诚意，他就能达到道德的最高境界；使人感动，获取他人的信任，他的为人处世之道就无所不通。但是，爱不能少于敬，如果少于敬，虽能够使节操清廉的人归附，但多数人却还是不愿接受他。如果爱多于敬，虽然节操清廉的人会不满意，但受到恩惠的人却乐于为他献身。这是为什么呢？这是因为“敬”作为一种道德规范，会使人与人之间的等级划分过于严格，从而使人感到疏远，这种情况不会持久；而“爱”作为一种道德规范，能使人感情变得深厚起来，深深地打动人心。所以说，考察一个人的爱和敬是不是真诚，看他的人际关系是否顺畅就可以清楚了。

卷十八

| 原文 |

何谓观其情机，以辨恕惑？夫人之情有六机：杼其所欲则喜，不杼其所能则怨，以自伐历之则恶，以谦损下之则悦，犯其所乏则婟，以恶犯婟则妒，此人性之六机也。

| 译文 |

什么是通过观察一个人的情感表露，来辨别他是心胸开阔还是器量狭小呢？人的情感有六种表现：如果愿望得以实现，就会变得喜悦；如果能力得不到发挥，就会埋怨；如果爱炫耀自己，就会受到别人的嫌恶；如果处处谦让，就会受到别人的喜爱；如果爱揭露别人的缺点，就会让人不满；如果一方面爱自我炫耀，另一方面又爱揭别人的短，就会遭到别人的忌恨。这就是人性的六种表现。

夫人情莫不欲遂其志，故烈士乐奋力之功，善士乐督政之训，能士乐治乱之事，术士乐计策之谋，辨士乐陵讯之辞，贪者乐货财之积，幸者乐权势之尤。苟赞其志，则莫不欣然，是所谓杼其所欲则喜也。

按照人的性情，没有人不想实现自己的愿望。所以，性情刚烈的人喜欢发愤图强，建功立业；正直善良的人喜欢纠正不正之风；有能力的人喜欢治理动乱的局面；善于想办法的人喜欢出谋划策；长于辩论的人喜欢诘问说理；贪婪的人喜欢聚敛财物；受到宠信的人喜欢炫耀权势。假如别人帮助其达成愿望，没有人会不高兴，这就是所谓的愿望得到实现就会非常高兴。

若不杼其所能，则不获其志，不获其志则戚。是故，功力不建则烈士奋，德行不训则正人哀，政乱不治则能者叹，敌未能弭则术人思，货财不积则贪者忧，权势不尤则幸者悲，是所谓不杼其能则怨也。

如果他们的能力得不到发挥，那么就无法实现其愿望，愿望实现不了，就会感到难过。所以，不能建功立业，性情刚烈的人就会心怀愤恨；社会风气不正，正直的人就会悲哀；政事纷乱得不到治理，有才能的人就会发出感叹；敌对的力量不能消除，有智谋的人就会思虑不安；财富不能聚积，贪心的人就会愁闷；权势不够大，受到宠信的人就会悲伤，这就是能力得不到发挥时人们会抱怨的缘故。

卷十九

| 原文 |

人情莫不欲处前，故恶人之自伐。自伐，皆欲胜之类也。是故，自伐其善则莫不恶也，是所谓自伐历之则恶也。

人情皆欲求胜，故悦人之谦；谦所以下之，下有推与之意。是故，人无贤愚，接之以谦，则无不色怿，是所谓以谦下之则悦也。人情皆欲掩其所短，见其所长。是故，人驳其所短，似若物冒之，是所谓驳其所伐则婟也。

| 译文 |

人的本性决定人没有不想超过别人的，所以人们都讨厌别人自夸。自夸，就是想表明自己比别人强。所以说，自己夸耀自己长处的人没有不惹人讨厌的，这就是夸耀自己的长处被人讨厌的缘故。

人的本性都想求胜，所以喜欢别人谦虚；谦虚的态度给人的感觉是你在他之下，有推举别人的意思。因此，人无论贤良不贤良，对他们谦虚，就没有不喜欢的。这就是人们喜欢别人谦虚的缘故。人的本性都是想要掩饰自己的短处，显露自己的长处。所以，有人揭露了他们的短处，就是冒犯了他们，这就是揭露别人的短处会让人讨厌的缘故。

人情陵上者也。陵犯其所恶，虽见憎未害也；若以长驳短，是所谓以恶犯婟，则妒恶生矣。

人的本性都想凌驾于别人之上。凌驾于别人之上，会使别人讨厌，虽然会招来憎恶，但还不至于受到别人的伤害。但要是以自己的长处来攻击别人的短处，这就会让人既讨厌又憎恶，就会招来伤害。

凡此六机，其归皆欲处上。是以君子接物，犯而不校，不校则无不敬下，所以避其害也。小人则不然，既不见机，而欲人之顺己；以佯爱敬为见异，以偶邀会为轻；苟犯其机，则深以为怨。是故观其情机，而贤鄙之志可得而知也。

以上六种情况，都是源于好胜的本能。所以君子待人接物，不会计较别人的冒犯。不计较就会对每个人都尊敬，所以不会招致伤害。小人就不是这样了，他们既不能审时度势，又要别人顺从自己；他们装作敬爱别人，以使别人对自己另眼相看。要是别人不经常邀请他们做客，他们就会认为对方轻视自己；假如别人揭露了他们的短处，他们就会深深地怀有怨恨。所以说，观察一个人在与别人相处时情绪上的反应，就会知道他的道德是高尚还是卑下了。

卷二十

| 原文 |

何谓观其所短，以知所长？夫偏材之人，皆有所短。故直之失也

| 译文 |

什么是通过观察一个人的短处，来了解他的长处呢？凡是偏才

讦，刚之失也厉，和之失也懦，介之失也拘。夫直者不讦，无以成其直；既悦其直，不可非其讦；讦也者，直之征也。刚者不厉，无以济其刚；既悦其刚，不可非其厉；厉也者，刚之征也。和者不懦，无以保其和；既悦其和，不可非其懦；懦也者，和之征也。介者不拘，无以守其介；既悦其介，不可非其拘；拘也者，介之征也。然有短者，未必能长也；有长者必以短为征。是故，观其征之所短，而其材之所长可知也。

之人，都有自己的短处。所以，性格直率的人的缺点在于喜欢指责别人的短处，性格刚正的人的缺点在于过于严厉，性格和善的人的缺点在于过分软弱，性格耿介的人的缺点在于过于拘谨。但直率的人，如果不指责别人，就称不上直率了；既然喜欢他的直率，也就不可责怪他指责别人；指责别人，正是率直的特征。刚正的人不严厉，就称不上刚正了；既然喜欢他的刚正，也就不可责怪他的严厉，因为严厉是刚正的特征。和善的人不软弱，就不能保持和善；既然喜欢他的和善，也就不必责怪他的软弱，因为软弱是和善的特征。耿介的人不拘谨，就不能保持他的耿介；既然喜欢他的耿介，也就不必责怪他的拘谨，因为拘谨是耿介的特征。然而，有短处的人，不一定有其长处；有长处的人，一定会有短处作为其特征。所以说，观察一个人表现出来的短处，也就会知道他有哪些长处了。

何谓观其聪明，以知所达？夫仁者德之基也，义者德之节也，礼者德之文也，信者德之固也，智者德之帅也。夫智出于明，明之于人，犹昼之待白日，夜之待烛火；其明益盛者，所见及远，及远之明难。

什么是通过观察一个人的聪明程度，来了解他会在哪些方面取得成功呢？仁是道德的基础，义是对道德的节制，礼是道德的具体表现，信是道德的保证，智是道德的主导。所谓智，出于对事物的明辨。明辨对人来说，就像是白天的太阳、夜晚的灯光一样重要；越是明辨的人，见得就越远，见识远大是很难的事情。

卷二十一

| 原文 |

是故，守业勤学，未必及材；材艺精巧，未必及理；理意晏给，未必及智；智能经事，未必及道；道思玄远，然后乃周。是谓学不及材，材不及理，理不及智，智不及道。道也者，回复变通。

| 译文 |

所以说，在专门领域内勤奋学习，也不一定能够成才；成才了，掌握了技艺，也不一定能够把握事物的根本道理；掌握了道理并且能言善辩，也不一定能达到智慧的程度；有了智慧，能够处理各种事务，也不一定能把握普遍性的真理——道；对道思考得高深，然后才能无所不能。这就是说，勤奋学习，赶不上掌握技艺；掌握技艺，赶不上把握事物的根本道理；把握事物的根本道理，赶不上富有智慧；有智慧赶不上把握道。道，在天地间循环变化、神秘莫测，我们很难说清它到底是什么。

是故，别而论之：各自独行，则仁为胜；合而俱用，则明为将。故以明将仁，则无不怀；以明将义，则无不胜；以明将理，则无不通。

所以，只能另外讨论在道之下的各种才能与品德。当几种才能与品德各自发挥作用时，仁最为出色；而把它们综合运用时，明智应该是主导。所以用明智来引导仁爱，就没有什么不被容纳的；用明智来引导忠义，就没有什么不能战胜的；用明智来引导理，就没有什么不能通晓的了。

然则，苟无聪明，无以能遂。故好声而实不克则恢，好辩而礼不至则烦。好法而思不深则刻。好术而计不足则伪。

然而，假如没有聪明，一切就都很难成功。所以，没有聪明指导，追求名声但名不副实，就会显得空泛；没有聪明指导，在辩论演说中讲不出深刻的道理，就会显得烦琐杂乱。制定法条时思虑太浅就会显得苛刻。制定策略时计谋不够就会显得虚伪。

是故，钧材而好学，明者为师；比力而争，智者为雄；等德而齐，达者称圣。圣之为称，明智之极名也。是故，观其聪明，而所达之材可知也。

所以说，如果能力相等的人共同学习，聪明的人就会成为老师；如果力量相近的人要争出胜负，有智慧的人就会成为胜者；如果道德品质相同的人共同行事，那么通晓一切知识的人就会成为圣人。圣人之所以成为圣人，就在于他是最聪明、最有智慧的人。所以，观察一个人是否聪明，就能知道他在哪些领域里会取得成功。

卷二十二

| 原文 |

夫采访之要，不在多少。然征质不明者，信耳而不敢信目。故人以为是，则心随而明之。人以为非，

| 译文 |

采人之言及访人之事的要点，不在于收集信息的多与少。那些对人的内在与外表认识不清楚的人，往往只相信传闻而不相信自己亲眼

则意转而化之。虽无所嫌，意若不疑。

所见的事实。因此，大家都认为好的，自己的想法就跟着认为是好的；大家都认为不好的，自己的意见也就跟着转变认为不好。虽然与被考察者没有私人恩怨，但随着舆论变化而改变偏好，自己并没有半点怀疑。

且人察物，亦自有误。爱憎兼之，其情万原。不畅其本，胡可必信。是故知人者，以目正耳。不知人者，以耳败目。故州闾之士，皆誉皆毁，未可为正也。

况且人们在观察事物时，也会出现错误。人们总是在观察时掺杂着喜欢或憎恶的主观情感，这是人之常情。如果不认真查证人才的本质，怎么可以全部相信别人的评价呢。所以知人善任的人，用眼见的事实来纠正传闻中不实的部分。不知人善任的人，以传闻来败坏眼睛看到的事实。因此对州里乡间的人物，一致赞誉或是一致诋毁的，都不见得是真实的情况。

刘劭小传

刘劭，字孔才，广平邯郸人，三国时期魏国思想家、文学家。

建安年间，刘劭开始入朝为官，先后担任广平吏、太子舍人、秘书郎等官职。曹丕代汉建立魏国后，刘劭继续得到重用，历任尚书郎、陈留太守、骑都尉、散骑常侍等重要官职。由于刘劭具备深厚的儒学修养，曹丕特命他搜集五经群书，以类相从，纂成《皇览》，以备参考。同时，刘劭还精通音乐和法律，在魏明帝时期，制作礼乐，写作《乐论》十四篇；与他人合作修订律例，著有《新律》十八篇。

刘劭善于品评人物，重视发挥人的才能，著有中国历史上第一部人才学专著——《人物志》，《观人术》就是《人物志》的精华部分。刘劭把对具体人物的评论，发展到对人的才能高下标准的讨论。他认为，人的外表可以表现人的精神，主张从人的“行质”观察人的才能和性情。在才性关系上，认为人物之本在于性情，而性情器量又以“中和最贵”。刘劭的人才观，在一定程度上影响了之后魏晋时期的清谈风气。

目 录

卷一

勾践隐忍雪国耻·003 / 范大夫功成身退·007

·识人是成功的基础，用人是成功的关键。

·根据人的欲求可判断他的为人。

·表情神色中隐藏着人心的所有秘密。

·观其言，察其行，辨其性情，而后因材施用。

卷二

曹相国为政清简·013 / 季札睿智评诸侯·017

·得人才者得天下，失人才者失天下。

·观人察质，先察其平淡，后求其聪明。

·不做超出自己能力范围的事，也是智的表现。

·要重视“中和之质”，因为它最易与平庸混淆。

·辨人的本质在于，观隐蔽，查细微，见微知著。

卷三

晁错峻急失先机 · 023 / 晋智伯骄狂失国 · 028

·全才用其均衡，偏才扬其长，避其短。

·行动果断的人往往疏于思考，深思熟虑的人往往不能随机应变。

·知退能进，事缓则圆。

·刻意求功，往往会铸成大错。

·注意人的仪态举止，它是心神的表征；倾听别人的声音，它是心气的显现。

卷四

张柬之正气复唐 · 035 / 燕王失察酿大乱 · 039

·信任目光坚定之人，防范目光闪烁之人。

·仁爱之人，谦恭柔和为表；智慧之人，明朗通达为征。

·对能干的人，更要深入考察他的本质。

·用人忌以他人的评价替代自己的判断，否则无异于自找麻烦。

卷五

商鞅酷法殃自身 · 043 / 韩信拜将指迷津 · 046 / 沈庆之畏祸误国 · 049 / 楚怀王贪利失大义 · 051 / 触龙巧言谏太后 · 054

· 见微而知清浊，智也。

· 从一个人对待利益的态度去辨别他的本质。

· 用人须容疑兼存，容而不疑，小智也。

· 仁者无敌。行丈夫之仁，防妇人之仁。

卷六

桓温谋篡损英名 · 059 / 刘伯温以德报怨 · 062

· 识则满目俊才，不识则遍地糟糠。

· 不要只看一个人的才能，更要看他如何使用才能。

· 过于膨胀的野心会使人的目光变得短浅。

· 辨别和使用人才，一看能力，二看宽仁。

· 只看眼前利益的人，像即将吞钩的鱼，祸患不远矣。

卷七

李世民慧眼识李靖 · 067 / 陆贾舌辩收南越 · 071

· 上才以言识人，以言服人，以言用人。

- 提防那些夸夸其谈的人。
- 言谈中隐含真相，只是会听的人太少。
- 了解一个人的辩才，不仅要看他口齿是否伶俐，更要看他条理是否清晰。
- 强辩于己于人都是愚蠢的。

卷八

陆贽识患于未然 · 077 / 唐太宗睿智罢献瑞 · 080

- 不识人者“人治”，识人者“治人”。
- 深思熟虑，而后可洞察先机。
- 见识加上深入细致的思考，可使人洞悉玄机。
- 身处顺境而能保持清醒才是大智。

卷九

张辽明察定军心 · 085 / 刘裕韬晦除桓玄 · 087

- 能审时者谓之明，能韬晦者谓之智。
- 行动见勇猛，安静见智慧。
- 正确的决策来自当机立断的能力。
- 要防范那些装作不聪明的人。
- 聪明而不外露，总能获得最大的收益。

卷十

诸葛亮智识刺客 · 093 / 王之涣酒楼赛诗 · 096

· 最高的才能是统御人才。事必躬亲，则难成大事。

· 细微之处常常更能显露出事物的本质。

· 真诚率直的人，是值得交往的人。

· 大智慧终须返璞归真。

卷十一

董晋宽柔稳危局 · 101 / 安禄山逢迎唐玄宗 · 103

· 外柔内刚的人堪当重任。

· 能者深藏，浅者外露。

卷十二

赵括自夸遭灭顶 · 109 / 裴度功高不自居 · 111

· 智者往往是沉默者：知者不言，言者不知。

· 手高于头，做强于说。

· 观人不应看其取得成绩前，而应看其取得成绩后。

卷十三

李药师见微知著 · 117 / 魏先生识人论事 · 120

- 凡是不合常理的事情，必定有其缘故。
- 功高不居，不仅是美德，更是保身的必要手段。
- 从喜怒言笑中可观察一个人的情态。
- 真实的心理无法掩藏。
- 缺乏济世安民理想的人，难成大业。

卷十四

韦诜慧眼选佳婿 · 127 / 尉迟恭忠勇救主 · 130 / 霍光辅政扶大汉 · 133 / 房光庭率直可亲 · 136 / 刘仁轨苦读建功 · 138

- 刚强果敢、气质清朗的人，更易取得美善的名声。
- 品格的影响比才能更深远。
- 以诚待人，终有回报。
- 骨骼清奇之人即使有天赋，也不能缺少后天的努力。

卷十五

赵赞阴险充忠直 · 145

· 察奸辨佞，是为政用人之要务。

· 要防范那些借公正之名谋取私利的人。

· 害人者终害己。

· 观人之要在于不被表象迷惑，以其目的判其是非。

卷十六

祢衡裸衣骂曹操 · 151 / 似是而非的贤士 · 155 / 张居正功高遭谗 · 159

· 一味揭人隐私而不徇私情的人，貌似公正，其实不尽然。

· 要注意那些似是而非的品格，它们是用人的陷阱。

· 识人需眼力，用人需胸怀。

· 恃才傲物并非人才的真本性，只是因其未被赏识。

卷十七

黄香忠孝尽人伦 · 165 / 李勣爱敬兼顾 · 167

· 观察一个人爱敬的人和事，可以判断他的前程。

· 不要轻视一个人对待责任的态度，它是可否委以重任的重要参考。

· 有自知之明不易，有识人之明更难。

· 人格的魅力也是战斗力。

卷十八

刘毅褊狭酿苦果 · 173 / 常遇春勇建奇功 · 177 / 甘宁择主酬壮志 · 180

· 自我炫耀之人，是难堪大任之人。

· 注意那些唯上的人，其实他们是最唯己的人。

· 表现才能是人的本性，有能力的人终究会显露才能。

· 发现并使用那些还未被发现的人才，会得到更大的回报。

卷十九

杨修逞才丢性命 · 185 / 冯异、邓绥谦让以避祸 · 190 / 孔融犯上遭杀戮 · 194 / 郭子仪、鱼朝恩泾渭自分明 · 197

· 不要使用心胸狭隘的人，即使他有能力。

· 谦虚不仅使人进步，还有助于人际关系的融洽，更有助于保全自身。

· 智者处于优势地位时，会时时忍让他人。

卷二十

范滂忠直酬壮志 · 204 / 马援仁义成大业 · 207

· 通过观察那些偏才的短处，可以发现他们的长处。

· 杰出的人才往往是偏才，他们的长处与短处同样明显，关键要学会扬长避短。

· 注意那些装糊涂的聪明人，解开他们的心结，任用他们。

· 不要用自己的长处去攻击他人的短处。

卷二十一

房丞相才疏误国 · 213 / 郭嘉深谋取乌桓 · 216 / 殷仲堪才不堪用 · 219 / 海瑞忠直失深虑 · 223 / 王莽伪善篡汉室 · 227 / 王羲之临池成“书圣” · 230

· 空有勤奋不如实在掌握一门技艺重要。

· 小人多是善于伪装之徒，不识其伪，必受其害。

· 不要被表面的聪明所迷惑，智慧不能替代技艺。

· 狷介与刻薄的人才，其能力可减半看待。

卷二十二

来敏弈棋试费祎 · 237 / 刘玄德险失凤雏 · 239

· 用人的最高境界在征服人心，谓之“谋圣”。

· 用人之道，忌浮忌泛。要相信内心，不要相信眼睛和耳朵。

· 不要以一己好恶去选拔人才，因为人才不会按照你的喜好去发展。

· 识人用人，切忌武断，还需随时修正自己的错误。

观人术

卷一

盖人物之本，出乎情性。情性之理，甚微而玄，非圣人之察，其孰能究之哉？

凡有血气者，莫不含元一为质，禀阴阳以立性，体五行而著形。苟有形质，犹可即而求之。

本卷精要

- 识人是成功的基础，用人是成功的关键。
- 根据人的欲求可判断他的为人。
- 表情神色中隐藏着人心的所有秘密。
- 观其言，察其行，辨其性情，而后因材施用。

原文

盖人物之本，出乎情性。情性之理，甚微而玄，非圣人之察，其孰能究之哉？

译文

人的本真面目来自性情。而关于性情的道理，却微妙玄奥，如不具备圣人的洞察力，那么谁又能探究得清楚呢？

事典

勾践隐忍雪国耻

勾　践

春秋末期越国国君，曾败于吴，屈服求和。后卧薪尝胆、发愤图强，终灭吴。

镜　鉴

很多人都戴着逼真的假面具，不能明察便会埋下隐患。

春秋时，吴、越两国是世仇。吴国强大，越国弱小。可越王勾践是个雄心勃勃的人，他率兵攻打吴国，结果大败。吴国乘势占领了越国，越国到了生死存亡的紧要关头。

勾践听从了大夫范蠡的劝说，派人到吴国求降，并答应亲自到吴国做奴仆，服侍吴王。吴国的相国伍子胥对吴王夫差说：“大王不要答应。我们应该借这个时机灭掉越国，把越国并入吴国。”于是夫差拒绝了勾践求降的请求。

勾践知道后，非常绝望，就想和吴国拼死一战。大夫文种说：“臣听说，吴国的太宰伯嚭很贪婪，我们可以请他向吴王通融。”文种于是带着珠宝、美女去见伯嚭，果然打动了他。伯嚭帮助文种说服了吴王，同意接受越国投降。

按照约定，勾践带着夫人和大臣范蠡等人到吴国去当奴仆。夫差故意羞辱勾践，把他关在石屋里，要他在吴国的先王阖闾的坟前守坟喂马。勾践对吴王服服帖帖，每天尽心尽力地干着粗活，以表示对吴国的臣服。吴王上马下马，勾践都跪在地上，给吴王当马镫。

文种在越国留守，不断地派人给伯嚭行贿，伯嚭于是常常在吴王面前为勾践说话。三年过去了，夫差不顾伍子胥的极力反对，放勾践一行人回国。

越国经过这场败仗，已经是百业凋敝。勾践知道，要报仇雪耻，没有强大的国力根本不行。于是他施行“十年生聚，十年教训”的国策，减轻赋税，要百姓在耕种之余养蚕、织布。

勾践和百姓一道在田间耕种，其夫人也在家里养蚕织布。为了让自己不忘报仇雪耻，他每天都睡在柴草上面，还在屋子里挂了个苦胆，每次吃饭之前都要尝尝，以此来激励自己。

他又同各诸侯国广泛结交，暗中抗衡吴国。

过了几年，吴王夫差计划去讨伐齐国，伍子胥却表示反对：“我们的心腹之患是越国而不是齐国。我听人报告，勾践每顿饭从来不吃两样好菜，他这是在和百姓同甘共苦，目的就是要向我们吴国报仇！”

“相国过虑了。”夫差不以为然，“在寡人看来，勾践已经是真心臣服了。就算他不服，以吴国的强大，他又能怎样呢？相国不必整天疑神疑鬼的。”于是夫差挥军北上，大胜而归。胜利使吴王变得飘飘然，他对伍子胥的忠谏也开始反感起来。

为了探明吴王是不是真的对越国放松了警惕，文种故意到吴国去借粮。伍子胥主张不借，夫差却说：“越国是我们吴国的属国，他们有了困难，我们能不管吗？”

伍子胥非常生气，大声说：“大王不听我的忠告，用不了三年，吴国一定会变成一片废墟！”

文种又通过伯嚭离间夫差和伍子胥。伯嚭向吴王告发伍子胥暗中勾结齐国，夫差就将一把剑送给伍子胥，让他自杀。伍子胥临死前说：“只请把我的眼睛挂在城门上，我死了也要看着越国的军队进入吴国！”

勾践听到伍子胥已死的消息，就问范蠡：“现在可以进攻吴国了吧？”

“不行！”范蠡说，“伍子胥虽然死了，但吴国还很强大。我们还要再等等。”

第二年春天，吴王到黄池会合诸侯，带去了精锐部队，只留下太子和老弱残兵守在吴国。这时，勾践又问范蠡：“现在可以进攻吴国了吧？”

“现在机会成熟了，大王下令发兵吧。”

随后，越王派出水军和陆军进攻吴国，杀死了吴国的太子。又过了几年，越国的军队把吴王围困在姑苏山上，吴王拔出剑来，用衣襟遮住自己的脸说：“我死不足惜，就是没有脸面去见伍相国啊！”

最后，夫差自杀而死。勾践雪了国耻，从此威名大振，成为春秋霸主之一。

人物

越王勾践是春秋末期越国的国君，越王允常的儿子。相传他是大禹的后裔。夏后帝少康的庶子被封在会稽，负责对大禹的祭祀。到勾践这代已是二十几代了。吴王阖闾在与越国的战斗中受伤死去，他的儿子夫差即位，发誓报仇。勾践没有听从大夫范蠡的劝告，主动进攻吴国，结果大败。为了东山再起，勾践退守会稽山，采用范蠡的计谋，向吴国称臣乞和。后来勾践利用夫差北上争霸、国内空虚的机会，一举攻入吴国。此后又经过几年的战争，越国终于灭掉了吴国。勾践又迁都琅琊，与齐、晋等诸侯国会

盟，成就了霸业。

释评

知人也难。俗话说，知人知面不知心，况且人心总是变化着的。人善于用假象来掩盖真实，使真假难分，虚实莫辨，稍一疏忽，就会铸成大错。

夫差就是这样。他本来有雄才大略，不杀勾践，允许他投降，也算得上是仁义。但不幸的是，他遇到了一个更为强劲、更为狡猾的敌手。夫差还过于自负，不听别人的劝告，最后不但自己丢了命，还让吴国也跟着灭亡了。

一开始，勾践的“功课”也确实做得很足。他对吴王百般依顺，这些“糖衣炮弹”的确让人难以抵挡。但放勾践回国后，吴王如果不放松警惕，勾践仍然难以有所作为。比方说，在勾践卧薪尝胆、发展国力、训练军队时，如果吴王稍加考察，或听从伍相国的话，就可以把勾践的复仇计划消灭在萌芽之中，历史或许改变。

吴王实在是太过自信了。他过于相信自己的感化力量，认为自己真的能使一个战败的国君心悦诚服地归顺自己。他也过于相信自己军队的威力，认为小小的越国翻不了天，但结果天真的翻了，而且还是小小的越国弄翻的。

勾践做得实在是漂亮。在自然界也常有这样的例子：有些动物在强大的对手面前会装死，骗了对手之后，趁其不备，再逃之夭夭。只是勾践这样做的目的不是逃命，而是想趁其不备，给予对手致命的一击。

这个教训对吴王来说确实太大，而且是不可挽回的。吴王是在用丢掉自己的性命和亡国的代价告诉后人：了解别人，包括自己的朋友和敌人，是多么重要；不要主观臆断，更不要轻易受到假象和谎言的蒙骗。

原文

凡有血气者，莫不含元一为质，禀阴阳以立性，体五行而著形。苟有形质，犹可即而求之。

译文

凡是有血气的生命，无不包含着元气作为其根本。秉承着阴阳两极树立根性，容纳着金、木、水、火、土五种元素，并以此形成外观。如果具备了外在的形态和内在的气质，就可以根据这些探究其根本了。

事典

范大夫功成身退

范　蠡

字少伯，楚国宛人，春秋末期越国大夫。辅佐越王勾践奋发图强，誓言灭吴雪耻，终得成功。后泛海至齐，经商治产累数千万。后散其家财，隐居陶山，自号“陶朱公”。

镜　鉴

是否善于察人，关乎成败生死。

范蠡原本是楚国人，他出身贫寒，却才智过人，富于韬略。但由于他年少轻狂，很多人都对他不屑一顾，只有文种是他的知音。当时文种在宛城当县令，一见到范蠡，就叹道：“这可是经国之材啊。”于是两个人成为至交。

两人的才能在楚国得不到发挥，于是范蠡就劝文种到越国去。他说：“越王刚刚即位，一心想成就大业，我们去他那里，肯定可以施展抱负！”

于是两人就投奔了越王勾践，果然得到重用。

不久，在与吴国的战争中，由于勾践的轻敌冒进，越国大败。范蠡向越王献计，先假装投降吴国，再发愤图强，报仇雪耻。

勾践投降吴国后，范蠡随着勾践到吴国去做奴仆。他看出了吴王争强好胜、喜欢虚名的弱点，就让勾践故意在他面前表示臣服，歌颂他的恩德，并夸赞他有霸主之才。他和文种的智谋，终于蒙蔽了吴王，使勾践一行在三年后得以返回越国。

回到越国后，为了报仇雪耻，使越国复兴，范蠡提出了“十年生聚，十年教训”的策略，在经济上主张劝农桑、多积粮、减赋税；在军事上主张暗中图强、伺机而动、出奇制胜。范蠡还和文种一道谋划了消灭吴国的七条计策。他跋山涉水，在民间寻访到绝世美女西施，把她献给吴王夫差。

几年过去了，越国已是兵精粮足，已经有充分的实力了。勾践有些心急，就一再问范蠡：“范大夫，现在可以伐吴了吗？”

“大王，我们现在已经有足够的实力了，而且士兵们也盼着消灭吴国，为死去的亲人报仇。但现在去攻吴国，两强相争，势必会两败俱伤。大王想的不仅仅是灭掉吴国，还要在诸侯中成就霸业，如果在战争中损耗过大，就得不偿失了！”

勾践听从了范蠡的建议，苦心等待，寻找战机。终于，当吴王带着重兵北上会合诸侯时，勾践又一次问范蠡：“现在可以伐吴了吗？”

“时机成熟了，大王下令吧！”范蠡以拳击掌说，“报仇雪耻的日子到了！”

灭掉吴国后，因范蠡和文种的功劳最大，范蠡被封为上将军，文种被任命为丞相。范蠡很了解，勾践为人隐忍，为了实现目的不惜采用任何手段。多年的仇恨已经使他的心变成了一块生铁，凡是他前进道路上的障碍，他都会不惜一切地清除掉。

于是他叩见越王，拜谢说：“微臣听人说，君忧臣劳，君辱臣死。过去大王在吴国受辱吃苦，我所以没死，就是为了报仇雪耻。现在越国的大仇已报，就请大王赐臣当初的死罪，以谢大王！”

“上将军请起。”越王说，“寡人有今天，全仰仗上将军之力，越国的天下有一半是你的，何谈死罪？”

“既然大王不肯加罪，那就恳请大王准许微臣做一名普通的百姓吧。”

“不行，寡人还要仰仗你呢。你要是执意这样，我可要加罪于你了。”

回到家里，范蠡换上布衣，收拾了细软，乘一叶小舟，飘然而去。离开时，范蠡给文种留下了一封信，信中说：“鸟尽弓藏，兔死狗烹。我观察大王的面相，他脖子很长，嘴像鸟一样，这样的人只能共患难，却不能共享富贵。为自己考虑，你也应该离去了。”

文种对范蠡的话将信将疑，没有离开，只推说有病，不再上朝。有人就对越王进谗言，说文种意在谋反。越王就赐他一把宝剑，说：“当初你给了我七条灭吴的妙计，现在只用了三条，另外四条你去献给先王吧。”

于是文种只好拔剑自尽。

人物

范蠡是春秋时期著名的政治家和军事家，也是历史上最早留下名字的商人。他和文种辅佐越王勾践二十余年，忍辱奋进，最终消灭了吴国，使勾践成为诸侯中的霸主。他居功至伟，被勾践封为上将军。然而范蠡深通明哲保身之道，功成身退，乘一叶扁舟离去。

到了齐国，他改变姓名为鸱夷子皮，经商成为巨富，自号陶朱公。后来人们赞誉他“忠以为国，智以保身，商以致富，成名天下”。

释评

前面谈到的是知人之难。知人难，并不等于人不可知。夫差由于不知人，酿成了大祸，而知人的却大有人在，知人知己，然后据此制订方略，凡

事自然会马到功成。

范蠡就是一个很好的例子。范蠡了解越王。他认定如果自己想有所作为，就要投奔越王。果然，他在越王那里有了用武之地。越王也真正赏识他，让年纪轻轻的他做了军师。

当越王没有听从自己的忠告，贸然攻打吴国，兵败投降后，范蠡也没有离开他。这一方面是要尽臣子之道，更主要的是，他对越王有信心，认为越王只要韬光养晦，就一定会翻盘。果然，在卧薪尝胆、恢复国力后，勾践不但灭了吴国，还成了春秋时期的霸主之一。范蠡也因此建功立业，青史留名。

范蠡也了解吴王夫差。他看出夫差雄心勃勃，一心想称霸天下。夫差也确实有能力、有胆略，但在雄心和胆略的背后往往带着刚愎自用。正是看出了吴王的弱点，越国的君臣才表面上顺从臣服，暗中却积蓄力量，以图报复。范蠡用计除掉了警惕性极高的伍子胥，又用珠宝和美女收买了贪婪的伯嚭，使吴王失掉了智囊，还派出了美女间谍西施，既作为卧底，又作为麻痹吴王的工具。这些谋略，都是针对吴王的这一弱点制订的，因此无一不中。

文种当然也知人，他对越王也算了解，也看清了夫差的弱点。但他有一点没有看清，就是越王在成功后不能和大臣共享富贵。范蠡成功地脱身，而文种却被越王赐死，成为“被烹的猎犬”，可见他的知人能力还是比不上范蠡。

凡人之质量，中和最贵矣。中和之质必平淡无味，故能调成五材，变化应节。是故观人察质，必先察其平淡，而后求其聪明。

聪明者，阴阳之精。阴阳清和，则中睿外明。圣人淳耀，能兼二美。知微知章，自非圣人莫能两遂。

本卷精要

· 得人才者得天下，失人才者失天下。

· 观人察质，先察其平淡，后求其聪明。

· 不做超出自己能力范围的事，也是智的表现。

· 要重视“中和之质”，因为它最易与平庸混淆。

· 辨人的本质在于，观隐蔽，查细微，见微知著。

原文

凡人之质量，中和最贵矣。中和之质必平淡无味，故能调成五材，变化应节。是故观人察质，必先察其平淡，而后求其聪明。

译文

在人的所有素质中，中正平和最为可贵。中正平和的资质必然显得平淡无味，所以能够调节金、木、水、火、土，使之和谐，并随外部的情势而变化。所以说观察人的品质，一定要先观察他是不是有着平淡的气质，然后再看他是不是聪明。

事典

曹相国为政清简

曹　参

汉代第二位相国。秦末随刘邦反秦，身经百战，屡建战功。建汉后功居第二。萧何死后，继任为相，“举事无所变更，一遵萧何约束”，被传为佳话。

镜　鉴

应大道而行，看似无为，其实有为。

曹参最早跟随刘邦打天下，立下了很多战功。刘邦当上皇帝后，他被封为平阳侯。刘邦的长子刘肥被封为齐王后，曹参又被任命为齐国的相国。当时天下刚安定下来，百废待兴。曹参请来一位精通黄老之术的高人盖公，向他求教治国的道理。

“治国之道，在于清静无为，”盖公说，“万物自有规律，让一切顺其自然最好。”

曹参听了，很是折服，于是让出自己府衙的正厅，请盖公住在里面，早晚向盖公请教。在他担任齐国相国的九年中，齐国被治理得很好。汉相国萧何在惠帝二年病死了。消息传来，曹参就料到皇上会让自己接替相国的职务。果然，使者很快就到了，于是他动身去了朝廷。

当了相国后，曹参对萧何制定的法令没有做任何变动，而是一概加以遵循。他还斥退了一些爱搞文字花样、沽名钓誉的官吏，换上了质朴、踏实的人。把这些处理好后，曹参就整天品尝美酒，悠然自得。

“曹相国不理朝政，这样下去如何是好？”大臣们议论纷纷。

“相国要是这样下去，一旦皇上怪罪，就麻烦了。”他的下属也在说。

有些人去拜访曹参，想要加以劝谏。但一到曹参那里，曹相国就拿出美酒：“这酒味道醇美，喝了酒再说。”

过了一会儿，来的人又想说话，曹参就又让他喝酒。劝谏的话一句也没有说出，来的人就带着醉意离去了。

官吏们见相国不理政事，也乐得轻松，整天在家里饮酒、唱歌。曹参相府的后花园邻近官吏的房舍。曹参的手下很担心，就借口请曹参到后花园里散步，故意让他听到那些声音。他们本以为曹相国听了会对那些人大加痛斥，谁知曹相国听了不但不生气，反而很高兴：“他们真是痛快，拿酒来，我们也在这里喝酒、唱歌！”

这些事很快就传到了汉惠帝的耳朵里，大臣们说曹相国不理政事，整天喝酒作乐，手下人有了小错，他也不加责罚。汉惠帝很担心。曹参的儿子曹窋也在朝中做官，汉惠帝就找到他，对他说：“当初萧相国临死的时候推荐了曹相国，现在朕听到了一些对相国的议论。你回去后从你个人的角度劝劝你父亲，就说高祖刚刚过世，皇上又年轻，你身为相国，整天喝酒，遇事也不向皇帝请示，这样怎么能处理好国家大事呢？”

曹窋回到家里，把汉惠帝教自己说的话说了一遍，结果让曹参痛打了一顿。

第二天上朝，汉惠帝生气地责问曹参："你为什么要责打曹窋？"

"陛下，他说了不该说的话，因此该打。"

"那些话可是朕教他说的。"

"陛下，恕臣不知。"曹参摘下帽子，向皇上谢罪。

"朕只是想提醒相国，要以国事为重。"

"臣斗胆请问，陛下与高祖在圣明英武上谁更强些？"

"朕怎么能和先帝相比？"

"那么陛下，臣与萧何哪个更加贤能呢？"

"这个嘛，可能萧相国更强些。"

"陛下所言极是。高祖与萧何平定了天下，法令制度已经完善，现在我们该做的就是恪尽职守，遵循原有的法度，不随便加以更改，这不就行了吗？"

曹参做了三年相国，他恪守黄老之术，放手让下属执行萧何制定的政策，使百姓得以休养生息，因此也被称为贤相。

人物

曹参是沛县人，与汉高祖刘邦是同乡。最初曹参在县里当狱掾，萧何是主吏，二人在县里很有名望。

刘邦起义后，曹参以中涓的身份追随刘邦出生入死。在汉朝建立后，统计战功，曹参攻下两个诸侯国、一百二十二个县城，俘获两王、三相、六将军，算得上战功显赫，遂被封为平阳侯。汉惠帝时，相国萧何在去世前推荐曹参继任其职务。曹参担任相国后，为政简要，不改萧何的法令，采用黄老之术，主张一切顺应自然，无为而治，使百姓在遭受秦朝的苛政后得以休养生息，经济得以恢复。他的治国之术也因此受到称颂。

释评

曹参可谓具有中和之质的人才。什么是中和之质？中和之质就是同时具有各方面的才能。比如说，曹参能打仗，曾立下过赫赫战功；能治国，他从政多年，虽然萧规曹随，但也从没有出过大乱子。具有中和之质的人不多，这种人看上去平庸，但不是真的平庸。平庸是什么？平庸是不具备任何突出的能力，而具有中和之质的人则具有各方面的能力，但正是由于中和，才显得不是那么突出。

再举例说明一下。论打仗，曹参不如韩信。韩信是真正的将才，但他除了打仗外，对政治可是完全的外行。他曾经对汉高祖说："你只能带十万兵，而我带兵是多多益善。"虽然他及时纠正了自己的失言，改口说自己能"将兵"，而汉高祖则能"将将"，但还是得罪了汉高祖。韩信打下齐国后，不顾汉高祖受困，拒不发兵，非得封他为"假齐王"，他才出兵为高祖解围。这些都是为人臣的大忌。一旦打完了仗，韩信自然会落得一个兔死狗烹的下场。而曹参不但能打仗，也能治国，所以在汉朝建国后还是用得着的人。论治国，曹参又不如萧何。但萧何尽管在治国理政方面能力极强，对打仗却并不在行，只能做一些辅助工作。因此说，曹参的才能是比较全面的，尽管他每一种才能都不算最突出，但这些才能集中在一个人的身上，却是非常可贵的。

更可贵的是曹参清楚自己的才能和局限。他知道自己打仗不如韩信，就老老实实地在韩信的统领下打仗。韩信定好战略，自己去执行就是。他知道自己治国理政不如萧何，也就老老实实按萧何定下的规矩办。自知自己的才能不很突出，也就不好大喜功，而是甘于平淡。

原 文

聪明者，阴阳之精。阴阳清和，则中睿外明。圣人淳耀，能兼二美。知微知章，自非圣人莫能两遂。

译 文

聪明是阴阳的精华所在。阴阳两气清扬和谐，就内心睿智，外表明达。圣贤之人淳朴明智，能够同时具有这两种美德。对隐蔽的事情和明显的事情都能够觉察，非圣贤之人是难以做到的。

事 典

季札睿智评诸侯

季札是春秋时期吴王寿梦的第四个儿子。他为人聪明贤能，吴王对他十分看重，一心想把王位传给他，但季札推辞说："按照周礼，应该立长子为太子。"

吴王死后，长子诸樊即位。诸樊认为自己的才能不如季札，就想把王位让给季札，吴国人也拥护季札。为了表明自己的决心，季札放弃了宗室和财产，当了平民。吴国人见他这么坚决，只好作罢。

过了几年，诸樊病重，他临终的时候让他的二弟余祭当了国君。原来，诸樊等几个哥哥都非常喜爱和敬重季札，也要实现父王的愿望，就按照次序兄终弟及，这样一来，季札最终就可以成为吴国的国君了。

有一次，余祭派季札出使各国。来到鲁国后，季札对鲁国国君说："我久慕朝廷的乐音，您能否满足我的愿望？"

鲁国国君就命乐工为他演唱。当唱到《周南》和《召南》时，季札赞叹说："真是美妙，在音乐中可以听出周室的大厦已打好基业，只是还没有建成。乐音是劳而不怨啊！"听了《邶风》《鄘风》和《卫风》，季札又赞

叹说："美妙而渊深，虽然受到挫折而不屈服，我听说卫康叔、卫武公的品格就是这样，这是《卫风》吧？"

就这样，他每听一首曲子，就能说出其中的含意来。最后，当欣赏舞蹈《大韶》时，他忍不住说："这是美德的巅峰，实在是太伟大了，如上天覆盖万物，如大地无不承载，再好的德行，也不会比这乐舞所象征的舜的美德更高了。观乐到此为止，如还有别的音乐，我也不敢再欣赏了。"

离开鲁国后，季札出使到齐国。他见到齐国的相国晏婴，就对他说："依我之见，你应快些交出你的封邑和官职。没有了这两样东西，你才能免于祸患。齐国的政权快要易手了，易手之前，国家祸乱不会平息。"

晏婴是齐国有名的贤相，他能言善辩，也很贤能，但当时齐国新旧势力的矛盾已经到了不可调和的地步。田僖子与旧贵族国惠子、高昭子互相争夺权力，最终导致了政变的发生。季札的劝告提醒了晏婴，他照季札说的去做，因此避免了祸事。

季札来到郑国，见到了子产。两个人很早就知道对方的名字，见了面，就像见到了老朋友一样。两个人无话不谈，谈着谈着，话题自然落到了郑国的事情上。

"我听说你因为伐陈有功，郑伯赏赐你六个邑，而你认为子展的功劳比你大，只接受了三个，这可真算得上是知礼呀。"季札说。

"岂敢岂敢，你连王位都不接受，哪里是我这样的人可比的？"子产说，"现在周礼沦丧，国事艰难啊。"

"郑国的当权者骄奢放纵，恐怕离大难不远了。不久政权就会落到你的身上，还望你执政时以礼治国，富国强民，振兴周室啊。"

不久，郑国的政事果然落在了子产手里。子产为政刚柔相济，他听取各方面的意见，只用几年的时间，就使郑国声威大震。

到了卫国后，季札说："卫国用了很多君子，因此国家安定。"

在去晋国的途中，季札住在宿邑，这是卫国大夫孙文子的封地。季札当晚听到钟鼓演奏的乐声，就摇摇头说：“有才无德，一定会招来祸端。孙文子在这里，就像燕雀在帷幕上面做窝一样危险，小心翼翼还怕不够，怎么可以玩乐呢？况且国君还在棺材里没有下葬，就奏起乐来，令人不解。”于是他当即离开。孙文子听说了季札的话，就一辈子不再听音乐了。

季札来到晋国，很看重赵文子、韩宣子和魏献子三个人，认为将来晋国的大权会落在这三个人手中。离开时，他对晋国的臣子叔向说：“晋国的国君奢纵，但有很多有能力的大臣，将来政权要落在赵、韩、魏三家。你为人刚直，遇事要多加思索，这样才能避免招祸。”

季札到了徐国，和徐国的国君非常投缘，两个人把酒言欢，有了几分醉意。徐君看到季札身上佩带的宝剑，就拿过来观看，他非常喜欢，连声说：“好剑，真是一把好剑。”

季札对徐君说：“大王喜欢这把剑，按理应该送给你，但我还有一些国家要去造访，身上不能没有佩剑，但我答应大王，待我出使回来，一定把这把剑献给你。”

季札出使回来时，又路过徐国，但这时徐君已经病死，季札十分难过。他到徐君的墓前拜祭，然后摘下宝剑，挂在徐君墓后的树上。

“徐君已经死了，干吗还要把剑留下呢？”随从不解地问。

“我已答应了徐君，即使他人不在了，我也要遵守诺言！”

人物

季札是吴国的宗室。吴国在武王建立周室时，就已传了五代。到了吴王寿梦时，已经传了十九代。寿梦有四个儿子，季札是最小的一个。寿梦因为季札贤良睿智，一心想把王位传给他，但在季札的坚辞之下，最终立长子诸樊为太子。寿梦死后，诸樊也想把王位让给季札，但又被季札拒绝了。于是诸樊就按兄弟的次序把王位向下传，诸樊传余祭，余祭传余昧。余昧死后，本该由季札即位，但季札仍然避让，甚至逃往别处，于是吴国

就立余昧的儿子僚做了吴王。

后世对季札的仁爱和信义评价极高。司马迁曾经赞叹说，延陵季子心怀仁爱，仰慕道义，终生不止，能够见微而知清浊，是一位见多识广、博学多识的君子。

释评

季札具有真正的美德。对于王位他不去争夺，即使父亲和几个哥哥都想把王位传给他，他也不要，这是他的纯朴之处。他并不糊涂，反而极富洞察力。凡是见过的人，哪怕是初次相识，他也能很快就看出这个人的性情和品格，并据此判断他的未来。

晏婴是贤臣。季札看出齐国必将有内乱，便提醒晏婴怎么做可以明哲保身，可见他的才能和远见并不在晏婴之下。

子产也是贤臣。季札看出子产在当时郑国的政治格局中会很快脱颖而出，便鼓励子产当政后要按周礼治国，多行仁义，可见他对周室和百姓的关爱。

最重要的是，季札的预言最终都成真了。

季札不仅是智者，还讲信义。本来答应送对方东西，对方死了，这样的约定理应作废，但季札并不这样想。他认为，自己答应的事情，不管对方发生了怎样的变化，自己都要按约定来办。于是，他把宝剑挂在树上，履行了约定，为后世树立了典范。

“中睿外明”“知微知章”，说的正是季札这样的君子，可惜这样的人实在不多。但也正因为这样，他才能成为后世观察人才的典范。

故明白之士，达动之机，而暗于玄虑。玄虑之人，识静之原，而困于速捷。犹火日外照，不能内见。金水内映，不能外光。二者之义，盖阴阳之别也。若量其材质，稽诸五物。五物之征，亦各著于厥体矣。

夫容之动作发乎心气，心气之征，则声变是也。夫气合成声，声应律吕。有和平之声，有清畅之声，有回衍之声。夫声畅于气，则实存貌色。

本卷精要

· 全才用其均衡，偏才扬其长，避其短。

· 行动果断的人往往疏于思考，深思熟虑的人往往不能随机应变。

· 知退能进，事缓则圆。

· 刻意求功，往往会铸成大错。

· 注意人的仪态举止，它是心神的表征；倾听别人的声音，它是心气的显现。

原文

故明白之士，达动之机，而暗于玄虑。玄虑之人，识静之原，而困于速捷。犹火日外照，不能内见。金水内映，不能外光。二者之义，盖阴阳之别也。若量其材质，稽诸五物。五物之征，亦各著于厥体矣。

译文

所以有洞察力的人，通晓随机应变的关键，却疏于深思熟虑。而深思熟虑的人，能够把握静虑的本原，不能随机应变却是他的短处。这就如同发光的太阳向外照射，却不能照到内部。金、水内部明亮，却不能照亮外部。二者的意义，正是阴和阳的区别。如果要衡量一个人的才能和气质，可以靠五行来进行判别。五行的表征，也各自体现在这些方面。

事典

晁错峻急失先机

晁　错

汉文帝时拜太子家令，汉景帝时为御史大夫。以《削藩策》进景帝，获重用，然因削藩激起七国之乱，在七国“诛晁错，清君侧”的口号下，成为政治牺牲品，被腰斩。

镜　鉴

若不知随机权变，纵然有识有志，也无法得到善果。

晁错为人性情刚直，做起事来雷厉风行，很少考虑后果。

汉景帝时，晁错被任命为内史。晁错经常向景帝单独奏事，他分析起天下大势来头头是道，因此景帝对他非常器重，超过了对朝中其他大臣的信任。丞相申屠嘉对此很不满。一次，他抓住晁错的一个过失，上奏皇帝，

要求处死晁错。

原来，内史府建在太庙旁边，门向东开，出入不便，晁错便让人在太庙南面的围墙上开了个门。按照汉朝的法律，拆毁太庙者罪当死。于是申屠嘉就上了奏疏，说晁错擅自凿开太庙的围墙做门，要皇帝把他交给廷尉处斩。

晁错听到这个消息后，当天夜里就求见皇帝，说明了事情的缘由。

第二天早朝，申屠嘉把写好的奏疏交给皇帝，说："私拆太庙，罪当死。"

皇帝说："我已了解清楚了，晁错所凿的不是太庙的墙，而是庙外空地上的围墙。这不能算是触犯法令。"

申屠嘉本想通过这件事置晁错于死地，没想到却受到皇帝的斥责，回去后一气之下生了病，不久就死了。晁错从此更加显贵，很快被提升为御史大夫。

晁错一心想做出一番事业，以报答皇帝对他的信任。晁错是位有政治远见的人，他敏锐地察觉到了大汉王朝隐藏的危机。当时汉朝各地有很多藩国，这是刘邦建立汉朝后，分封给同姓子孙的。每个藩国都有国君，当然都是刘氏宗亲。这些藩国各自为政，财务也独立。

这些藩国很容易成为中央王朝的隐患。一旦他们中的一个扯旗反叛，而其他藩国又起来呼应，就会对中央集权产生威胁。晁错于是向景帝提出建议：立即削减各国的封地，收回各诸侯国边境的郡城。

削藩是一项非同小可的举措，景帝知道事关重大，就召来公卿、大臣和贵族一同商量。这些人一向对晁错心怀畏惧，只是在心里面反对，谁也不敢开口说话，只有魏其侯窦婴站出来反对。窦婴是窦太后的侄子，他认为削藩会激起各个封国的反对，造成事态的变化。况且，建立藩国是高祖时立下的规矩，怎么能说动就动呢？

"有封国在，大汉天子的政令就难以畅通，朝廷就始终存在隐患，因此削藩势在必行！”晁错反驳说。

两个人在朝堂上争论起来。

晁错为了削藩，还修改了法令，新法令一共有三十章。诸侯们见了新法令后，都痛恨晁错，对他大加诋毁。

消息传到颍川，晁错的父亲就从家乡赶到京城，劝说儿子：“皇上即位不久，你掌握朝中的政事，怎么竟要对诸侯下手，疏远人家的骨肉呢？现在人们对你议论纷纷，有人恨你恨得咬牙切齿，恨不得吃了你的肉，你这是何苦呢？再说，你削人家的藩，人家要是起事反叛，责任还不是要由你来承担？”

晁错不以为然道：“我必须这样做。现在诸侯尾大不掉，如果不早些削藩，只怕天子得不到尊崇，国家也会不得安宁。”

晁错的父亲长叹一声道：“如此一来，刘家的江山倒是安宁了，可是我们晁家却离灭族不远了。”晁父回到家里，服下了毒药，他在咽气前说：“我早走一步，不忍看到祸患牵累我们全家！”

其实，本来各个封国并没有反意，他们只是满足于骄奢淫逸的生活，但看到晁错采取了这样的措施，自己的封地和爵位都将不保，就互相串联，准备反击。

“这个晁错，鼓动皇上，坏我们的事。此人不除，我们永远不得安宁！”

“我们起兵，劝谏皇上，杀死晁错！”

诸侯们人人义愤填膺，他们只等有人带头，就起兵反叛。诸侯中，以吴国和楚国的势力最大，两国的国君决定带头起事。他们打出“清君侧”的旗号，率领大军向长安城开来。

事情真的不幸被晁错的父亲言中了，这时距离晁错的父亲自杀只有十几天的时间。

景帝听到这个消息，感到非常震惊。窦婴和袁盎对晁错的做法素来不满，就对景帝说：“都是这个晁错，一意孤行，蒙蔽陛下，逼反了诸侯，弄得天下大乱。陛下应该早做决断。”

“依你们看，应该怎么办？”景帝问。

“诸侯本无反叛之心，只是晁错把他们逼急了，才被迫起事的。依臣之见，只要杀了晁错，向他们表明这只是晁错一人所为，并非皇上本意，他们自然就会退兵！”袁盎说。

景帝沉默了很久，最后叹了口气，说：“事到如今，也只好这么办了。”

于是他下令召晁错入朝。晁错这时还被蒙在鼓里，正准备向景帝进言，听到有诏令，就穿好朝服，准备进宫。这时，卫士们把他抓了起来，带到东市，宣读了诏书，然后处死了他。

晁错死后，诸侯们并没有罢休，他们一不做、二不休，真的造起反来。这天，景帝问一个从前方来的校尉：“晁错死了，吴国和楚国撤兵了没有？”

“吴王蓄意谋反很久了，他因为陛下削了他的封地而愤怒，所以‘清君侧’只是个借口罢了。晁错一死，臣担心天下人都会闭上嘴巴，不会再进忠言了。”校尉答道。

景帝听了如梦方醒，开始为杀了晁错而感到懊悔。

人物

晁错早年受到法家思想的影响，又博学多才，通晓文献大典，但只在朝中做了名小官。汉文帝时，他被任命为太子舍人，因此和太子接触较多，受到太子的器重，被其称为“智囊”。太子即位，是为景帝，对晁错十分倚重，让他做了御史大夫。晁错主张改革朝政，除旧布新，但由于用法峻急，得罪了很多权贵。后因提议削减诸侯封地引起吴楚七国叛乱，袁盎等人趁机进谗，迫使景帝杀死了他。

释评

人才可分为全才和偏才。全才是指方方面面的才能都体现在同一个人的身上，偏才则各个方面的才能不均衡。全才有全才的好处，偏才也有偏才的好处。全才的均衡是好的，但如果太均衡，就容易变得“门门精通，样样疏松”。偏才在某一方面才能突出，正好可以避短扬长，但如果短处无法回避，甚至对长处有牵制或起破坏作用，就会适得其反了。

晁错就是后者。他的长处很突出：有远见，有胆识，敢作敢为，敢为天下先。另一方面，他用法苛急，不注意人际关系，不考虑具体步骤，不但于事无益，还会为自己招来祸端。

具体地说，他提出削减诸侯封地的主张，从长远看是正确的。诸侯势力过大是汉王朝的隐患所在，削藩有利于中央集权和汉室的长治久安。但他只看到了这一点，没有想到这样做会激化矛盾，引起内乱。可以说，事出仓促。如果他把削藩作为长远目标，再加上些具体步骤，稳住诸侯，分而治之，各个击破，事情不但能办成，自己也会成为功臣，就不会有这样一个惨烈的下场。

晁错偏执的个性使得他没有朋友，尽管有些大臣和他想法一样，也看出了削藩的必要性，但朝堂上没有人替他说话。老父亲不辞辛劳来劝他，他却一点儿也不听，弄得老父亲自杀，这又何苦？知退才能进，他为什么就不能缓上一步，量力而行呢？

虽然，他死后朝廷用兵消灭了诸侯的势力，但本来可以通过和平手段解决的事情，非要弄得兵戎相见，劳民伤财，实在大可不必。

刻意求功，疏于深思，往往会铸成大错，当戒之。

夫容之动作发乎心气，心气之征，则声变是也。夫气合成声，声应

律吕。有和平之声，有清畅之声，有回衍之声。夫声畅于气，则实存貌色。

译文

人的仪态举止是内在心神的表征。内在心神的表征，又是由声音变化体现的。心气合成了声音，声音又应和着音律。有的声音听起来心平气和，有的声音听起来清越流畅，有的声音听起来连绵回旋。声音靠心气而通畅，容貌神色又靠其得以显现。

事典

晋智伯骄狂失国

智伯为人狂妄骄横，他一心想吞并赵、魏、韩三家。

一天，智伯在蓝台和韩康子、魏桓子饮酒。他有了几分醉意，就在酒宴上拿韩康子开心，还辱骂韩康子的家臣段规。事情过后，有下属对智伯说："这样的做法会给大人招来祸患的。"

智伯却大笑说："祸患是从我这里发出的。赵、魏、韩三家都攥在我的手里，我不给别人带来祸患也就罢了，谁还敢给我添祸患！"

后来，智伯向韩康子索要土地，韩康子很生气地说："真是岂有此理，我为什么要割地给他？"

韩康子的臣子说："智伯行事蛮横，不如先给他，他必定还会向别家索要，等到大家都痛恨他时，事情就好办了。"于是韩康子就把一处万户之邑给了智伯。

没多久，智伯又派人向魏桓子要地。魏桓子说："这个人实在是无理，我决不会给他！"

魏桓子的臣子说："智伯不但蛮横，而且贪婪，他的胃口极大，很难满足。大王不如先给他土地，等他得到后一定会更加狂妄，也会轻视别家。等到大家都起来对付他，他就危在旦夕了。"于是魏桓子也割让了土地给智伯。

智伯很高兴，就又向赵襄子要地。

“告诉智伯，我没有地给他！”赵襄子对使者说。

智伯听了很生气，感觉丢了面子。于是，他率领大军去攻打赵氏。赵襄子逃到了晋阳，智伯就把晋阳团团围住，还要韩康子和魏桓子的军队一同参战。赵襄子据城坚守，智伯围了一年，还攻不下晋阳，就掘开晋河的堤坝，淹了晋阳。晋阳城里一片汪洋，但士兵和百姓们的意志更加坚定，决不向智伯屈服。

智伯却得意扬扬，他想晋阳城不会再坚持多久了，大军一进城，赵氏君臣就成了他的囊中之物。但智伯手下有个叫絺疵的人对他说：“大人，依臣看来，韩、魏两家怀有异心，要多加提防才是！”

“为什么？”智伯问。

“当初大人和他们相约，打败赵氏后，把赵氏土地分成三份，三家平分。现在晋阳就要被攻下了，但韩、魏二子不但没有喜色，反而显得忧心忡忡。我想他们是怕赵氏灭亡之后，他们也会受到威胁。如果真是这样，他们一定会反叛的。”

智伯不以为意，反而将这些话告诉韩、魏二子。

就在这时，赵襄子派出了他的相国张孟谈，悄悄来到韩、魏大军的军营，对他们说：“智伯为人骄横贪婪。如灭掉了赵氏，他一定不会就此罢休，下面就会轮到韩、魏两家。不如我们里应外合，除掉智伯。”

“好，就这么办！”韩康子和魏桓子说。于是他们立下誓约，共灭智伯。

张孟谈从军营出来，正好遇见了智果。智果连忙进帐，对智伯说：“我担心韩、魏两家会有所行动。”

“怎么讲？”智伯不以为意。

“我刚刚见到张孟谈，他表情矜持，举止傲慢。赵氏马上就要灭亡了，赵氏的谋臣怎么会有这样的表情？因此我推断，赵氏一定是和韩、魏两家达成了约定。”

“不必疑神疑鬼。我和韩、魏已经有约，共同瓜分赵氏的土地。现在大功垂成，他们岂有反悔的道理？下去吧，不要再说了。”

智果仍然不放心，他找了个借口，去见韩、魏二子，然后又去求见智伯：“我见到了韩、魏二子，他们的神色都有变化。一定是他们要背叛你，依臣之见，不如立即杀掉他们，以除后患！”

“他们都在这里这么长时间了，要反叛早就反叛了，何必等到现在？再说，他们的大军就在这里，怎么杀他们？”

“即使不杀他们，那也要小心提防。魏氏有个臣子叫赵葭，韩氏有个臣子叫段规，他们都能左右君主的意志。大人可以和他们两位约定，攻下赵氏后，给他们每个人一万户的封地。这样，他们就会说动他们的君主不改变主意。”

“这主意不好。”智伯摇摇头，“我已经答应三家平分，再给这两个人每人一万户，我所能得到的就太少了。晋阳指日可下，你就不要再多嘴了。”

智果出了营帐，长长地叹了口气道：“情势如此明白，智伯却执迷不悟，这是死到临头了。”

于是，他离开军营，隐姓埋名，躲了起来。

张孟谈回到城中，对赵襄子说：“我总算不辱使命，但我从对方的军营中出来时，遇见了智果。从他的表情来看，他一定看出了什么。要是他禀告智伯，就会坏了我们的大事。”

“说得对。”赵襄子沉吟了半晌，说，“一旦智伯产生了疑虑，就会加强防备，我们的处境就危险了。”

“兵贵神速，我们不如今晚就行动。”张孟谈提议。

于是赵襄子马上派人和韩、魏两家商量，当天晚上就共同出击。到了深夜，他们派人掘开堤坝，河水灌进了智伯军的军营，智伯军一片慌乱。赵氏的军队又从城里杀出，智伯军慌忙反击。这时，韩、魏两家的军队从侧翼出击，智伯军腹背受敌，全军覆没。

智伯被意想不到的失败惊呆了。他刚想逃走，就被团团围住，成了俘虏。狂妄不可一世的智伯被处死了，从此晋国被赵、韩、魏三家瓜分。

人物

智伯，名瑶，是春秋末年晋国的四卿之一，也被称作智襄子。他是智宣子的儿子，宣子在世时，喜欢智瑶，想把君主之位传给他，但遭到宗族的反对。他们认为智瑶虽然勇武、坚毅果敢，但为人骄横，缺少仁爱之心。后来果如其言，智伯掌握朝政后，多次征讨各国，颇多战绩，这也更加助长了他的狂妄。他使晋国空前强大，但也由此埋下了祸端。在和赵襄子的对峙中，表面上智伯成功联合韩、魏一同作战，反过来却被三家暗中联合起来击败，导致了智氏家族的覆灭和三家分晋的局面。

赵襄子本名无恤，是赵简子（赵鞅）的庶出儿子，自幼聪颖好学。赵鞅曾对几个儿子进行考察。他要儿子们到常山寻找宝符，几个人都空手而归，只有无恤说找到了。无恤说，凭常山之险攻代，代即可归赵所有。赵鞅听了非常欣慰，于是废掉太子伯鲁，破例立无恤为太子。赵鞅去世后，无恤接任，成为晋国的六卿之一，被称为襄子。他邀请代王赴会，在席间派刺客杀死代王，起兵平代。后与智伯发生冲突，被围困在晋阳近一年，在城下赵同韩、魏会盟，向智伯反攻，击斩智伯，从而奠定三家分晋的局面。

释评

智伯的失败是必然的。他骄横而霸道，今天向这个要地，明天向那个要地，埋下了仇恨的祸根。

当然，这是就总体的趋势而言。如果他听从智果的忠告，提早下手，局面还可以挽回，至少不会失败得如此迅速且彻底。

关于智果，我们今天已经无法知道他的更多情况，他大概是智伯的家

臣，但无疑是个很有洞察力的人。他先是从张孟谈的神色中看出赵和韩、魏已达成了秘密协议，继而还从韩、魏二子的神色中进一步验证了自己的想法。他提出的建议也很不错，只可惜智伯过于自负，没有听从他的忠告，最终身首异处。

人的外表可能与内心无关，但一个人的神色表情却往往会在不经意间透露出他内心的秘密。这就是所谓的“言为心声，神为心征”吧。说真话的人，目光比较坚定；说假话的人，目光闪烁，不敢和人对视。光明正大，心中无鬼，表情自然磊落；心怀鬼胎，居心不良，表情必定奸猾。

古人说，观其言而察其行，这只是一个方面；另一方面是观其神而察其实，这样才能更好地判断一个人是好是坏，是忠是奸。

故诚仁，必有温柔之色。诚勇，必有矜奋之色。诚智，必有明达之色。夫色见于貌，所谓征神。征神见貌，则情发于目。

八观者，一曰观其夺救，以明间杂。二曰观其感变，以审常度。三曰观其志质，以知其名。四曰观其所由，以辨依似。五曰观其爱敬，以知通塞。六曰观其情机，以辨恕惑。七曰观其所短，以知其长。八曰观其聪明，以知所达。

本卷精要

· 信任目光坚定之人，防范目光闪烁之人。

· 仁爱之人，谦恭柔和为表；智慧之人，明朗通达为征。

· 对能干的人，更要深入考察他的本质。

· 用人忌以他人的评价替代自己的判断，否则无异于自找麻烦。

原文

故诚仁，必有温柔之色。诚勇，必有矜奋之色。诚智，必有明达之色。夫色见于貌，所谓征神。征神见貌，则情发于目。

译文

所以，一个人有真正的仁爱，神色就一定会谦恭柔和。一个人有真正的勇气，神色就一定会威严激奋。一个人有真正的智慧，神色就一定会明朗通达。神色的变化体现在外貌上，就是精神的外在表征。这种表征体现于外貌，那么内在的情感就会通过眼睛流露出来。

事典

张柬之正气复唐

张柬之直到六十三岁那年，才做了青城县的县丞。有一位相士见到张柬之，对他说："你目光深沉，神色刚正谦和，将来一定能成为宰相。"

大家都认为这个相士在信口开河，毕竟张柬之已年过花甲。

没过多久，朝廷下令通过考试选拔官员。张柬之去应试，没想到却落了榜。他收拾好行李，准备回家。这时，武则天看了选中官员的名单，感到入选的太少，就下令再从落选的人中挑选。负责选官的官员向武则天报告，说有一位应选的官员，策对写得好，但字写得不是很规范，因此落了选。他问武则天，是否可以录用。武则天调来了那人的策对，在灯下观看。第二天，她下令让那个人进宫，当面考核。

这个人就是张柬之。武则天和他交谈后，认定他是位奇才，当即把他钦定为第一名，任命他为王屋的县尉，后来又提升为荆州长史。

武则天求贤若渴，有一次她和狄仁杰谈起朝中的大事，叹了口气说："治国需要人才。朕希望能找到杰出的人才，委以重任，国老看谁最合适呢？"

狄仁杰反问道："不知陛下想让他担任什么职务？"

"当然是宰相了。"

狄仁杰便推荐了张柬之，不过武则天只是给他升了官，并没有任命他为宰相。

大臣姚崇出任灵武军使时，武则天问他："你看在朝廷官员中，有没有可以胜任宰相的人选？"

姚崇回答说："张柬之为人深沉，有谋略，能够决断大事。只是这个人年纪大了些，陛下要抓紧任用。"听到姚崇这样说，武则天当即召见了张柬之，不久就让他当了宰相。

武则天晚年得了重病，她所宠信的张易之和张昌宗二人守在她的身旁，大臣们无法和她见面。张易之、张昌宗担心武则天死后他们会大祸临头，便准备谋反。

张柬之对局势十分担忧，他与李多祚、崔玄暐等人一同定下了铲除张易之和张昌宗的计谋。张柬之还任用了桓彦范、敬晖以及右散骑侍郎李湛，让他们担任左、右羽林将军，把禁军交给他们指挥。这件事引起了张易之等人的怀疑，张柬之于是又任用二张的党羽武攸宜做了右羽林大将军，张易之兄弟这才放了心。

没过多久，姚崇从灵武回朝，张柬之非常高兴，对他说："大功就要告成了！"张柬之把自己和朝臣的计谋告诉姚崇，又暗中通知了太子李显。举事那天，张柬之、崔玄暐、桓彦范与左威卫将军薛思行等人率领左右羽林兵五百余人来到玄武门，派李多祚、李湛及驸马都尉王同皎到东宫去迎接太子李显。

王同皎扶太子上马，来到玄武门，斩断门闩进入宫中。这时武则天在迎仙宫中，张柬之等人就在迎仙宫的走廊里将张易之和张昌宗杀死，然后进至武则天居住的长生殿，还在宫殿周围安排了许多侍卫。

武则天大吃一惊，问："是谁在作乱？"

张柬之回答说："张易之、张昌宗阴谋造反，臣等已奉太子的命令将他们杀掉了，因为担心可能会走漏消息，所以没有向您禀告。在皇宫禁地举兵诛杀逆贼，惊动天子，臣等罪该万死！"

武则天看见太子李显，就大声问道："这件事是你让干的吗？现在元凶已经被杀，你可以回东宫去了。"

桓彦范上前说："当初先皇把心爱的太子托付给陛下，现在他年纪已大，却一直在东宫当太子。天意民心，早已思念李家。群臣不敢忘怀太宗、天皇的恩德，所以尊奉太子诛灭犯上作乱的逆臣。希望陛下将帝位传给太子，以顺从上天与下民的心愿！"

武则天见大势已去，只好颁下制书，宣布退位，把皇位传给太子李显。

人物

张柬之是武则天时的宰相，他为人深沉，有谋略，能够在纷乱的政治格局中把握全局。武则天晚年，武氏一家把持朝政，张易之、张昌宗兄弟又挟制皇帝，图谋不轨。张柬之暗中联络忠于李氏的朝臣，杀死二张，迫使武则天退位，恢复了大唐的国号。

唐中宗即位后，张柬之和崔玄暐、敬晖等并为宰相。但武三思等人仍然当权，他们勾结韦皇后，谮毁张柬之等人。不久，封张柬之为汉阳王，同时罢免了他的宰相之职。张柬之称病返回襄州，被任命为襄州刺史。后来，由于武三思等人的进谗，他被贬为新州司马，不久就病死在那里。

释评

我们一般反对以貌取人，但人的神色确实会透露出很多信息。内心是不是仁爱，有没有勇气，是否有智慧，都会通过神色体现出来，只是有些人能够看出来，有些人却看不出来。这取决于观察者的眼力。

张柬之被相士算出将来一定会成为宰相，周围人不信也自有道理，一个

六十三岁的县丞，连七品都不到，怎么可能会当上统驭百官的宰相呢？

一个人要想当上宰相，一定要有仁爱之心和非凡的智慧。因此，那位相士定然是从张柬之的面相中看到了他的凛然正气和过人的才智，才敢说出这样的话来。狄仁杰和姚崇后来向武则天推荐张柬之，也是基于对他这些方面的了解。张柬之也确实当得起这些人的重视，在他的谋划下，武则天身边的奸臣被诛，大唐的统治得以恢复，可以说是功在千秋。

原文

八观者，一曰观其夺救，以明间杂。二曰观其感变，以审常度。三曰观其志质，以知其名。四曰观其所由，以辨依似。五曰观其爱敬，以知通塞。六曰观其情机，以辨恕惑。七曰观其所短，以知其长。八曰观其聪明，以知所达。

译文

八观，一是要观察一个人对待利益争夺和救助他人的态度，用以辨明他的品质。二是要观察一个人的情感变化，用以审视他处世的基本方式。三是要观察一个人的志向和品质，用以了解他的名实是否相符。四是要观察一个人的行为动机，用以弄清他的行为是否似是而非。五是要观察一个人喜爱和敬重什么，用以把握他的道路是否通畅。六是要观察一个人的情绪和欲望，用以辨别他待人是宽恕还是容易受到困惑。七是要观察一个人的短处，用以知道他的长处。八是要观察他的聪明程度，用以知道他在哪些方面能够胜任。

事典

燕王失察酿大乱

苏秦是战国时期有名的舌辩之士。他死后，他的弟弟苏代仗着哥哥的名声，也去游说诸侯。燕国的相国子之为了巴结苏代，就和他结成了儿女亲家，想借他的力量来篡夺燕国的大权。

有一天，苏代出使齐国后回到燕国，燕王哙问他："先生看齐王能否称霸？"

"不可能。"苏代回答。

"为什么？"

"因为他把权力都抓在自己手里，而不相信自己的相国。"

苏代话中有话，燕王听了，就真的把大权交给了子之。子之又买通了一个叫鹿毛寿的人，请他帮自己说好话。这个鹿毛寿原来是一位隐者，被燕王请了出来，他对燕王说："尧帝之所以被人们称颂，是因为他把国家让给了舜。大王要是把国家交给子之，就会和尧一样成为明君。"

燕王听了，不加分辨，就真的把国家交给子之管理。于是子之南面称王，一切都由他说了算，而燕王反而成为臣子了。

子之提拔自己的亲信，干了很多坏事，不到三年，人们就怨声载道。于是太子姬平和一些将领起来讨伐子之。子之的势力很大，双方交战，国内死了几万人。这时齐国乘机出兵，占领了燕国，杀死了子之，燕王哙也死于这场战乱。燕国的宗庙被毁，宝物被夺，国家也衰落下去。

人物

燕王哙，是燕易王的儿子。他当了国君后，一心想振兴燕国。他一方面采用合纵之术，另一方面任用精明强干的子之为国相。但后来他听信别人的话，把全部权力一股脑儿地交给了子之。子之专权，造成了燕国的大

乱，几乎亡国。

释评

按理说，燕王哙不应该成为一个亡国之君，他有着强国富民的良好意愿，也不贪恋权力，还愿意仿效古代的贤君，把国家交给别人来治理。可惜的是，他在识人方面出了问题。他光看到了子之的能干，却不去深入考察和了解他的品质。他光听信别人对子之的评价，却不去辨别他的名实是否相符。最终他为此付出了惨痛的代价，国家遭受战乱，生灵涂炭，自己也死于乱兵的刀下。这是一个反面的例子，但似乎更能说明识人的重要性。

何谓观其夺救，以明间杂？夫质有至有违，若至不胜违，则恶情夺正，若然而不然。故仁出于慈，有慈而不仁者；仁必有恤，有仁而不恤者；厉必有刚，有厉而不刚者。

若夫见可怜则流涕，将分与则吝啬，是慈而不仁者。

睹危急则恻隐，将赴救则畏患，是仁而不恤者。

处虚义则色厉，顾利欲则内荏，是厉而不刚者。

然则慈而不仁者，则吝夺之也。仁而不恤者，则惧夺之也。厉而不刚者，则欲夺之也。故曰：慈不能胜吝，无必其能仁也；仁不能胜惧，无必其能恤也；厉不能胜欲，无必其能刚也。

本卷精要

- 见微而知清浊，智也。
- 从一个人对待利益的态度去辨别他的本质。
- 用人须容疑兼存，容而不疑，小智也。
- 仁者无敌。行丈夫之仁，防妇人之仁。

原文

何谓观其夺救，以明间杂？夫质有至有违，若至不胜违，则恶情夺正，若然而不然。故仁出于慈，有慈而不仁者；仁必有恤，有仁而不恤者；厉必有刚，有厉而不刚者。

译文

什么叫观察一个人对待利益争夺和救助他人的态度，用以辨明他的品质呢？一个人的品性有正面和反面。如果正面不能压倒反面，那么品性中恶的一面就会战胜善的一面，有时候情况看上去是这样，但却不尽然。所以宽仁来自慈爱，也有慈爱而不宽仁的；宽仁必定会有体恤，但也有宽仁而不体恤的；严厉必定会有刚正，但也有严厉而不刚正的。

事典

商鞅酷法殃自身

商　鞅

战国中期政治家、思想家，法家代表人物。深得秦孝公信任，主持秦国变法，使秦国迅速富强起来，跃居六国之上。

镜　鉴

不同人的行事方式不同，决定了他们各自的命运。

商鞅在秦孝公的时候当了相国，尊崇用严酷的法律来治国。一次他在渭水边上处决犯人，被处决的犯人的鲜血把渭水都染红了。他用法严峻，又很少对人施以恩德，因此他当了十年相国，秦国人就暗地里恨了他十年。

商鞅自己却踌躇满志。一天，他见到一位叫赵良的名士，就问："我治理秦国，比起当年的五羖大夫百里奚怎么样？"

百里奚是秦国的名相，一直受到国人的尊敬。商鞅这么问，分明是认为自己和百里奚相差无几了。但赵良说："百里奚原本是一个放牛的，出身卑微，是穆公发现了他的才能，让他做了相国。他做相国时，东征郑国，三次为晋国确立了君主，还把楚国从危难中解救出来。他生活俭朴，从来不惊扰百姓。他死去时，全国的老百姓都抱头痛哭，连孩子都不再唱歌。而您，最初靠结交大王的心腹做了大官，实行酷法，缺少仁德，也从不体恤下人。所以，您每次外出，都得重兵保护才会安全。古语说，凭借仁德者才会昌盛，倚仗武力者必定灭亡。您所做的一切，都不是以德服人。您现在就像早上的露珠一样，是不会长久的。众人对您的积怨越来越深，您的处境就会越来越危险。一旦大王有个三长两短，您将怎么办呢？那时人们不愁找不到您的罪名。不如现在急流勇退，或改变您的做法，或许还可以补救。"

商鞅听了，不以为然地说："先生言过其实了。我一心为了秦国，虽然得罪了一些人，但还不至于如此吧。"

赵良见他固执己见，也不再说什么。

五个月后，秦孝公病死，太子登基，为秦惠文王。这时，一些贵族告发商鞅谋反。惠文王平时就对商鞅不满，一当上国君，就下令逮捕商鞅。商鞅知道消息后，就逃到边境，看到天色已晚，加上又累又饿，就找了一家客店投宿。客店老板不认识商鞅，问他有没有通行证件，并说："这是商君定下的法令，要是让没有通行证的人住下，我是会被判罪的。"

商鞅听了，长叹一声道："我定的法令竟使我无处容身！"

他逃到了魏国，魏国人都痛恨他当初攻打魏国，拒绝他入境。商鞅无奈返回自己的封地。秦惠文王派兵征伐，商鞅战败被杀。惠文王将他的尸体处以车裂之刑，又灭了他的家族。

人物

商鞅原叫公孙鞅，是卫国人，因此也称卫鞅。据传，他早年拜李悝为师，喜好刑名之术。他先到魏国，做了魏国相国公叔痤的门客。公叔痤临死前向魏惠王推荐了商鞅，但魏惠王没有用他。于是商鞅去了秦国，成功说服秦孝公变法图强。

在秦国的二十几年里，商鞅曾经两次变法，终于使秦国变得强盛起来，为后来统一六国奠定了基础。但商鞅用法严峻，不仅得罪了贵族阶层，百姓对他也颇为不满。信任他的秦孝公刚刚死去，商鞅就大难临头，被继位的秦惠文王车裂并灭其全家。

释评

平心而论，商鞅的变法对秦国的强盛起到了很大的作用，但也由此埋下了秦朝实行暴政并由此灭亡的祸根。一味地使用酷法严刑，靠高压来进行统治，在短期内固然能收到一定的效果，但由于缺少宽仁，缺少对民众的体恤，最终会导致国家政权的垮台。正如那句名言所说，压迫越深，反抗越重。而商鞅本人不管当初动机如何，其结局是惨烈的，落得个五马分尸的下场。

即使在封建社会，开明的君主也懂得“一张一弛，文武之道”的道理。尽管他们所做的一切最终都是为了维护自己的统治，但总还是讲一点儿宽仁和体恤的。弦绷得太紧，久了就一定会断。商鞅虽然在治理国家和立法上有才能，可惜不明白这个道理。

在辨别和使用人才时，除了看他是不是具有能力外，还要观察他是不是有仁爱之心，是一般的慈爱，还是真的宽仁。同时要看他是不是体恤民情，他的严厉是出于刚正还是出于暴戾。

原文

若夫见可怜则流涕，将分与则吝啬，是慈而不仁者。

译文

如果见到了可怜的人就流泪，在施与时却变得吝啬，这就是只有慈爱而缺少宽仁。

事典

韩信拜将指迷津

韩　信

西汉开国功臣，“汉初三杰”之一。汉初著名军事统帅和军事理论家。曾率军与刘邦会合，击灭项羽于垓下。汉朝建立后，被控谋反，萧何和吕后定计，诱其入宫，将其处死。

镜　鉴

可以从人的行为细节上看出强弱之势的转化趋势。

公元前209年，为了推翻暴秦的统治，陈胜、吴广在大泽乡发动起义，刘邦在家乡沛县响应，成为秦末农民起义军的主要领袖之一。公元前206年，刘邦率军进入咸阳，按照事先的约定，先入关者应该为王。但项羽只封了他一个汉王，使其管理蜀地和汉中一带，想让他老死在那里。刘邦及其手下当然不甘心，他们暗中积极筹划，准备夺取江山。

由于萧何全力举荐，刘邦拜韩信为大将。刘邦本来不太瞧得起韩信，但经不起萧何一而再再而三地劝说，只好答应拜韩信为将。在拜将的当天，刘邦问韩信：“萧丞相一再说你有本事，你有什么建议要对我说吗？”

“大王要向东夺取天下，最强劲的对手不就是项羽吗？”

“当然是。”刘邦说。他心想，这是连小孩子都知道的事情。

“大王不妨估量一下，在勇敢、强悍、仁爱和刚强这些方面，您和项羽谁强？”

“我比不上项羽。”刘邦想了想后说。他担心的就是这一点。项羽叱咤风云，手下猛将如云，又号称霸王，诸侯都听命于他，要夺取天下，这些是不可逾越的障碍。

“我也是这样看的。”韩信说，“不过我侍奉过项羽，了解他的为人。他发怒时，上千个人都吓得不敢动一动。但他不能任用有能力的将领，因此只能算匹夫之勇。他对待别人，恭敬慈爱，语言温和，有人生了病，他会流下眼泪，还拿好吃的给他们吃。但当下属立了功，应该封赏提拔时，他却把刻好的官印攥在手里，舍不得交给别人，这就是所谓的妇人之仁。他虽然占据天下，却多行不义，杀死义帝，活埋投降的俘虏，队伍经过的地方又骚扰百姓，因此天下人都对他不满。所以，他名义上虽然是霸王，但已经失去了人心。他的强很容易转化为弱。如果大王能够采取和项羽相反的策略，多行仁义，争取人心，再加上任用英勇善战的将领，就会所向无敌。到时还有什么强敌打不败？平定天下，指日可待！”

刘邦听了，连忙离开座位，对韩信行了一礼，说：“先生果然大才！”自此对韩信几乎言听计从。

后来，刘邦经过大小七十余战，果然战胜了项羽。在垓下一战中，项羽被彻底打败，于乌江边自刎而死。刘邦从此统一天下，建立汉朝。

人物

韩信，西汉开国功臣，中国历史上杰出的军事家，“汉初三杰”之一，留下了许多著名的战例和策略。他熟谙兵法，自言用兵“多多益善”。作为战术家，韩信为后世留下了大量的战术典故：除了明修栈道、暗度陈仓，还有背水为营、半渡而击、四面楚歌等。他的用兵之道，历来为兵家所推崇。

韩信为汉朝的建立立下汗马功劳，历任大将军、左丞相、相国，封齐王、楚王、淮阴侯，却因功高震主引起猜忌。最后，韩信被诬陷谋反而被处死。

项羽名叫项籍，字羽。他是楚国名将项燕的后人，在秦朝末年，他和叔父项梁参加了反秦的战争。他英勇善战，对推翻秦朝起到了关键作用。

消灭秦朝后，项羽号称西楚霸王，变得不可一世，从此失掉了人心。加上他有勇无谋，又优柔寡断，因此在刘邦的攻击下，由强变弱，最终在垓下之战中战败自刎，结束了辉煌的一生。

释评

韩信在拜将坛上对刘邦所说的一席话，有些像后来诸葛亮的《隆中对》，由此确定了刘邦夺取天下的方针大略。

项羽当时不可一世，而韩信却能透过现象看到本质。他指出了西楚霸王强悍外表下的软肋。也就是说，项羽只是慈爱，而不能真正行仁义。离开了仁义的慈爱只是妇人之仁，是小恩小惠，而夺取天下，靠这种小恩小惠是不行的！

另一方面，韩信也指出，项羽不能容人和用人。一个人无论怎么英勇，要打赢一场战争，单靠自己是不可能的。而后来的事实也真正证明了这一点，项羽所向无敌，但最终输了这场战争，落得个乌江自刎的下场。不能容人和用人，在某种程度上也与缺乏宽仁之心有关联。刘邦则正好相反，他舍得封赏。将士们在战场上拼命厮杀，图的就是封赏，实在的封赏比起流流泪、说说好听的话要实惠得多，这也许就是丈夫之仁，或者说，是大仁。刘邦虽然在英勇、强悍上远不如项羽，却最终能战胜他。

韩信能看出项羽必败，正是抓住了他不行仁义这一点。这正是一个人成败的关键，也是观察一个人的关键。

原文

睹危急则恻隐，将赴救则畏患，是仁而不恤者。

译文

看到别人处于危难之中便感到同情，将要前去救援时却害怕危险，这就只是宽仁而缺少体恤。

事典

沈庆之畏祸误国

沈庆之能征善战，在南朝刘宋建立了赫赫战功。前废帝刘子业当了皇帝后，滥杀无辜，沈庆之曾几次加以劝说。因为沈庆之多次劝谏，刘子业对他开始不满。沈庆之也很识趣，从此就闭门谢客，不问政事。

有一天，朝中的大臣去看望沈庆之，对他说："主上已经成为天下人痛恨的暴君，现在他惧怕的只有你一个人，而天下的百姓也把希望寄托在你身上。如果你能废除这个昏君，所有的人都会响应你。要是你举棋不定，不顾国家安危，不光你个人要大祸临头，天下人也都会责骂你。"

沈庆之却说："我只能尽忠报国，始终如一。再说我年纪大了，不想惹什么麻烦。"

不管大臣们怎样劝说，沈庆之就是不听。他的侄子沈文秀也说："皇帝狂妄暴虐，反复无常。现在人们都认为我们和皇上是一条心，我们不如趁现在除去他，不然，会左右为难。这是千载难逢的机会，一旦失去了，会后悔莫及的。"

沈文秀反复劝说，声泪俱下，但沈庆之仍执意不肯。

一次，刘子业要诛杀大臣何迈。他料到沈庆之会来说情，就把通向宫中的桥梁封锁了。沈庆之知道此事后，果然赶来，但因为没法过桥，只好

怏怏地回到家中。刘子业怕沈庆之有所图谋，就派人去赐他毒药。沈庆之这时才后悔莫及，说什么也不肯喝。使者用被子将他闷死，他的儿子也自杀而死。沈庆之死后，刘子业对外宣称他是病死的，为他举办了隆重的葬礼。一代名将就这样不明不白地死去了。

沈庆之死后，刘子业更加肆无忌惮。大臣们开始图谋除掉他，谎称宫里面有鬼。刘子业上了当，但嘴硬说："我是天子，还怕什么鬼？"

于是，他带着一群女巫，还有宫女一共几百人在竹林堂射鬼。射杀完了，他又安排演奏舞乐。大臣们带人闯进宫中，杀死刘子业，结束了这个暴君的统治。

人物

沈庆之是南朝刘宋的名将。他善于用兵，称得上常胜将军。他为刘宋政局的稳固立下了汗马功劳。宋文帝为太子刘劭所杀后，他助武陵王刘骏讨伐刘劭。宋孝武帝刘骏即位后，把沈庆之列为第一功臣。孝武帝死后，沈庆之领受遗诏，辅佐前废帝刘子业。刘子业昏庸残暴，沈庆之一度惧怕祸端闭门不出，但后来仍然因为直言谏诤而被赐死。

释评

作为刘宋中流砥柱式的人物，沈庆之曾多次力挽狂澜，拯救危局。可惜到了晚年，他不思进取，不但身家性命不保，也毁了自己的一世英名。

如果沈庆之听从大臣和周围人的忠告，以他的威望和韬略，废除一个尽失人心的皇帝，肯定是易如反掌，但他坐失良机。读史每至此处，不禁扼腕叹息。

他不是不知皇帝的暴虐，也不是不同情那些无辜者的命运，但他考虑得太多，考虑到自己的名分、地位、安危，却不曾想到，人不伤虎，虎却伤人。

其实这种结局别人已经提醒过他了。是他"仁而不恤"，还是年纪大了，

“畏患”而失去了勇气，我们今天已不得而知。但他确实手软，软到已经无力举起义旗。这样的结果最终是搭上了自己的性命。反过来，我们看看周勃的例子：刘邦死后，吕后专权，吕后死后，周勃与陈平等合谋智夺吕禄军权，一举谋灭吕氏诸王，拥立汉文帝。两个人一比较，其区别就判然自明了。沈庆之是一位良将、一位杰出的军事家，却不能被称为政治家。周勃在军事才能上可能要比他逊色，但政治眼光和手腕远远超过了他。

原文

处虚义则色厉，顾利欲则内荏，是厉而不刚者。

译文

在空谈道义时面容严肃，遇到真正的利益诱惑时内心却变得怯懦，这就是严厉而不刚正。

事典

楚怀王贪利失大义

楚怀王当政之初，雄心勃勃，任用了屈原等一大批贤良的大臣。但后来，楚怀王受到秦国张仪的挑拨，让奸臣当道，把力主联齐抗秦的屈原放逐，同时断绝了和齐国的盟约。

但秦国对楚国丝毫不客气，在齐楚关系破裂后，不但没有给楚国当初许诺的六百里地，还派兵攻打楚国，接连夺取了八座城池。

楚怀王很生气地说：“当初张仪代表秦国出使楚国，明明答应寡人，一旦我断绝和齐国的盟约，就割地六百里给楚国。怎么现在却背信弃义呢？”

于是他决定和齐国恢复外交关系，并派太子到齐国去当人质，以取得齐国的信任。

秦王知道这件事后，就又派人去劝说楚怀王："这是一场误会，起因是楚国的太子杀了我的重臣，我不得已才这样做。现在我想和你在武关会面，结成友好同盟。"

和强大的秦国结盟对楚怀王来说是个诱惑，但屈原和昭雎都进谏说："大王不能去，应该赶快调兵固守。秦是虎狼之国，早有吞并各国的野心，绝不可信！"

但楚怀王被秦国收买了的儿子和一些大臣却坚持劝他前去与秦会盟："为什么不去？秦国和楚国联手，天下无敌！"楚怀王本来就优柔寡断，听见自己宠信的人这么说，就决定动身前往秦国。

秦王早已设下圈套，他让一位将军假扮为秦王，在武关伏下重兵，待楚怀王一到便紧闭城门。楚怀王这才知道上了秦国的当。秦国把楚怀王劫到了西边的咸阳，命令他朝拜秦国章台宫，行属国使臣的礼节，并逼迫他割让巫郡和黔中郡。

"如果秦国和我国盟誓，我就照办。"楚怀王仍在做最后的挣扎。

"你先交出割地，然后再谈结盟的事。"秦王派来的人说。

楚怀王彻底绝望了。他愤怒地说："秦王欺骗了我，还想强迫我割地！"

他现在能做的就是拒绝签字，秦国便把他扣留下来。楚国的大臣见楚怀王被扣，考虑到国不可一日无主，遂立太子为楚王。楚怀王被扣不能回去，最后死在了秦国。

人物

楚怀王是战国时楚国国君，名叫熊槐。他早年曾有所作为，被六国推为纵长。楚怀王曾乘着越国内乱，攻破越国。后来他听信秦国说客张仪的话，放弃了齐楚联盟，导致与秦、齐两国为敌，楚国也先后被秦、齐打败，失去汉中等地。后来，楚怀王又中了秦王的计谋，到秦国去会盟，结果被秦国扣押，最后死在了秦国。

释评

楚怀王是个没有主见的人，这种人偏偏还不肯听信忠言，反而对谗臣言听计从。他先是上了张仪的当，不但放弃了和齐国的稳固联盟，还为了讨好秦国，特地派人到齐国的朝廷去叫骂，结果导致齐国向楚国开战。这边撕破了脸，那边秦国也变了脸，原来答应的割地不作数，使楚怀王很没有面子。

知道上当后，楚怀王又费了很大的力气才与齐国再次和好。但面对秦王的假意结盟之邀时，他仍然往秦国设下的圈套里钻，结果成了阶下囚。他义正词严地斥责秦国背信弃义，但有什么用？春秋无义战，战国时期亦然，谁捞到了好处谁就算有本事。楚怀王最后被扣在了秦国，却怎么也不肯割地与秦，被扣押至死。

楚怀王一再上当，并不是他智商低，而是他经不住利益的引诱。一旦人的眼睛只盯着利益，不管他如何强硬，最终只能像吞了钩的鱼，任人摆布。无欲才能刚，无论一个人怎么强硬，当他贪图利益时，他就无法强硬到底，充其量是色厉内荏，就像楚怀王那样。

原文

然则慈而不仁者，则吝夺之也。仁而不恤者，则惧夺之也。厉而不刚者，则欲夺之也。故曰：慈不能胜吝，无必其能仁也；仁不能胜惧，无必其能恤也；厉不能胜欲，无必其能刚也。

译文

慈爱而不宽仁，是吝啬起了决定性的作用。宽仁而不体恤，是畏惧起了决定性的作用。严厉而不刚正，是贪欲起了决定性的作用。所以说，慈爱不能战胜吝啬，就无法做到宽仁；宽仁不能战胜畏惧，就无法做到体恤；严厉不能战胜贪欲，就无法做到刚正。

事典

触龙巧言谏太后

赵国的使臣来到齐国，求见齐王，说赵国被秦国的军队攻下了三座城池，情况危急，请求齐国派兵救援。

齐王沉吟了一下，说："齐国可以出兵救援，但是有个条件，得让赵国的公子长安君到齐国当人质。"

使臣回去复命。赵国的国君刚刚即位，大事都由赵太后做主。赵太后心疼儿子，不同意长安君去齐国，大臣们怎么说她也不听。

这时，左师触龙前来求见，赵太后以为他是来劝说自己的，就一脸不高兴地看着他。触龙却不提人质的事，只是和太后聊起家常来，说自己的儿子年纪小，又不成器，想在宫中为他谋个差使。

"他都十五岁了，趁着我这把老骨头还没入土，得为他做个安排！"触龙说。

"哦，原来男人也知道疼爱儿子呀。"太后笑了。

"太后有所不知，男人比女人还要疼爱儿子呢。"

"还是女人更疼爱儿子。"

"可是我觉得太后疼爱女儿燕后要超过儿子长安君呢。"

"不对，我对长安君更疼爱些。"

"父母疼爱孩子，就该为他们的前途着想。太后送女儿出嫁到燕国时，直掉眼泪。等她离开，您就祝愿说：‘千万别让人家把她给退回来。’这难道不是为她做长远打算，让她的儿孙在燕国相继为王吗？”

“是呀，是呀。”太后说，“虽然我很想她，但还是得替她的将来打算。”

“可是，您对长安君就不是这样了。您给他好的田地、漂亮的宫殿，还有很多很多宝物。现在他有了为国家立功的机会，您却不愿让他去。您想想，如果他没有功劳，怎么服众？您一旦有个三长两短，他又靠什么在赵国自立呢？”

赵太后连连点头。触龙又说：“父母对儿女光有慈爱是不够的，还要为他们的前途考虑，这才是仁慈和体恤呀。”

太后恍然大悟道：“一切都依左师的安排。”

于是赵国给长安君准备了一百乘车，到齐国去当人质。齐王见赵国讲信用，就立即派兵援赵。秦国听到齐国出兵的消息后，就赶紧撤兵回国了。

人物

触龙是战国时赵国大臣，官左师，是一位德高望重而又很有远见的人物。

释评

有这样一类人，他们慈爱有余，却不能从大处着眼。这样的人只关心他人的具体感受，而不能为对方的前途做长远打算。

其实做父母也好，做领导也好，做到慈爱还是很容易的。但仅仅做到这一点，仍然算不上是真正意义上的好父母、好领导。因为慈爱中还有些吝情，就是为自己着想，做事出于私心。这就算不上仁义，充其量是妇人之仁。事典中的赵太后就是这样的人。她舍不得让儿子去冒险和吃苦，却没有想到，到齐国去做人质，是为国立功，也是长安君历练自己、谋取政治资本的机会。太后心疼儿子，也是替自己考虑：他走了，我该有多难过呀。因为

有了那么一点儿私心，她就不能设身处地地为儿子考虑，这里面有畏惧，有贪欲。幸好触龙点醒了她，使她及时醒悟，这样既帮了长安君，又救了赵国，当然也挽回了太后自己的错误。

因此，无私的慈爱才是真正的爱，这里面不应该掺杂任何私心，哪怕是无意的。有句常被人们提起的话：无私才能无畏。这话的确有道理。通过这个例子，我们可以判别出什么样的慈爱才是真正的慈爱。

是故，不仁之质胜，则伎力为害器；贪悖之性胜，则强猛为祸梯。

亦有善情救恶，不至为害；爱惠分笃，虽傲狎不离；助善者明，虽疾恶无害也；救济过厚，虽取人不贪也。是故，观其夺救，而明间杂之情，可得知也。

- 识则满目俊才，不识则遍地糟糠。
- 不要只看一个人的才能，更要看他如何使用才能。
- 过于膨胀的野心会使人的目光变得短浅。
- 辨别和使用人才，一看能力，二看宽仁。
- 只看眼前利益的人，像即将吞钩的鱼，祸患不远矣。

原文

是故，不仁之质胜，则伎力为害器；贪悖之性胜，则强猛为祸梯。

译文

所以，如果不宽仁的本质取胜，那么一个人的所有技能与勇力就会成为带来坏处的东西；如果贪婪的性情取胜，那么强健勇猛就会成为通往祸端的阶梯。

事典

桓温谋篡损英名

桓温是东晋的大将军。据说他刚一出生，当时的名士温峤见到他就说，这个孩子有奇骨，将来不同凡响。因为温峤这样夸赞他，所以他的父亲就给他起名叫桓温。

桓温很有才干。他在荆州当刺史时，就灭掉了蜀地的成汉，为东晋立了大功。后来他又带兵北伐，打败了前秦的国主苻健。苻健逃到长安。北方的老百姓牵牛备酒，慰劳晋朝的军队。

这次胜利使桓温在朝野的威望大大提升。后来他又进行了两次北伐，虽然没有取得成效，但毕竟给偏安一隅的东晋带来了希望。

桓温的才能得到了充分展示，地位和威望日益攀升，野心也开始膨胀。他常常说："大丈夫不能流芳百世，也要遗臭万年。"为了掌握朝政，他废掉了皇帝司马奕，另立司马昱为皇帝，自己当了宰相。此时他如果集中全力收复中原，也许真的能建立不朽的伟业。但他的野心使他放弃了正确的选择，转而一心谋取皇帝的宝座。

晋简文帝司马昱病重，在临死前下诏让太子司马曜继承皇位，并要桓温效法诸葛亮和王导，辅佐朝政。这本来已经是十分倚重桓温了，但桓温

并不满足。他本来以为皇帝会把皇位传给自己，听到这个消息，他气得暴跳如雷。他怀疑这事是大臣王坦之、谢安从中作梗，便对他们怀恨在心。他带领军队进入建康，谢安和王坦之到新亭迎接。城里人心浮动，人们纷纷说桓温要杀掉王坦之、谢安，篡夺帝位。王坦之非常害怕，谢安却神色不变，说："晋朝存亡，就在此行了。"桓温来到朝廷，百官夹道叩拜。桓温伏下甲兵，接待会见朝廷百官。王坦之汗流浃背，连手版都拿倒了。谢安却从容就座，坐定以后，对桓温说："谢安听说诸侯有道，守卫在四邻，大人哪里用得着在墙壁后面安置人呀！"桓温笑了，于是命令左右的人撤走，好与谢安交谈。谢安的镇定与从容不迫使桓温没能下手。

桓温的篡位图谋因为谢安等大臣的阻挠，一直没能实现。他后来得了重病，暗示朝廷给他加九锡的礼遇。加九锡就是称王，对他来说，即使不能当皇帝，这也多少是个安慰。他多次派人去催促，但谢安、王坦之故意拖延，让袁宏草拟诏令。袁宏草拟完以后让王彪之审阅，王彪之赞叹袁宏文辞优美，说："你本来是杰出的人才，怎么能写这样的文章让别人看呢！"谢安看了袁宏写的草稿后，就对其加以修改，因此前后十多天也没能最后定稿。不久，桓温病死，他称帝的野心最终也没有得以实现。

人物

桓温，字元子。他生性豪爽，姿貌魁伟，具有卓越的军事才能。他的父亲曾经担任宣城太守，在苏峻之乱中死去。桓温因为父亲的关系，娶了晋明帝女南康公主，从此在政治上青云直上。

桓温在政治上野心极大，这阻碍了他施展自己的才华。他虽然多次北伐，但更多的只是谋求政治资本，并不想完成统一大业。他的私心不仅使自己陷入被动，更为东晋增添了不必要的动乱，使得国势大衰。

释评

正确地了解一个人，判断他是否能够有所作为，不光要看他的个人才能，更要看他把自己的才能用在哪些地方。如果他的所作所为顺应民心、符合民意，他的才能自然会得到充分而正确的发挥；如果他只是为了一己私利，违背民心民意，那么，无论他的才能有多大，最终也是无济于事。

桓温英才勃发，本来可以大有作为，为统一做出贡献，这可是名垂青史、受到万世景仰的事情，但他的野心使他目光变得短浅，阻碍了他在事业上取得更大的成就，反而成了受人憎恶的权臣。

桓温的抱负不能算小，他官至大将军、大司马，权倾朝野，简文帝遗诏还要他辅政于孝武帝，与当年诸葛亮的位置一样。但他仍不满足，他想要的是最高的地位——皇帝。但这种抱负，满足的只是一己私利，把国家的利益和安危抛在了一边。他只顾满足自己的野心，因此注定了他无法得到更多的支持，失败也就成为必然。虽然桓温寿终正寝，但他一直受到野心的煎熬，因为没能实现抱负而痛苦，甚至在临死的一刻也没能释怀。

原文

亦有善情救恶，不至为害；爱恚分笃，虽傲狎不离；助善者明，虽疾恶无害也；救济过厚，虽取人不贪也。是故，观其夺救，而明间杂之情，可得知也。

译文

也有性情善良的人去救助恶人，但这种行为不至于害人；有些人爱憎分明，虽然会有各自倨傲和无礼的地方，但没有什么大的过错；成就

善事的人正大光明，虽有人忌恨，也不是什么大缺点。有些人喜欢慷慨地救济他人，虽然有时取他人之物，也算不上贪婪。因此，观察一个人对待利益争夺和救助他人的态度，分辨他性情中善恶的方面，就可以了解这个人了。

事典

刘伯温以德报怨

刘　基

字伯温，元末明初文学家、政治家，通经史、晓天文、精兵法，辅佐朱元璋完成帝业，被后人比为诸葛武侯。

镜　鉴

心地善良、胸怀宽广的人能于不经意间趋利避祸并赢得尊敬。

刘伯温和李善长一同辅佐朱元璋打天下。刘伯温多谋善断，一直为朱元璋出谋划策，为明朝的建立立下了汗马功劳。

朱元璋对刘伯温也十分倚重，他常对人说："汉高祖有张良，朕有刘伯温。"朱元璋为人一向傲慢，但对刘伯温例外，从来不称呼其名字，而叫他"老先生"。在做某些重大决策之前，朱元璋总是把刘伯温一个人召到密室里，听取他的意见。

刘伯温为人恬淡，从不计较官位得失。朱元璋几次要加他的爵位，都被他推辞了。

李善长主要为朱元璋筹集和掌管钱粮，后来当上了丞相。有一次他的亲信李彬犯了法，被刘伯温判处死刑。李善长为李彬向刘伯温求情，刘伯温没有答应，李善长从此就忌恨起刘伯温来。他向皇帝控告刘伯温，一些臣子也推波助澜，幸好朱元璋信任刘伯温，把这件事情压了下来。

一次李善长犯了错，惹怒了朱元璋。

“真是岂有此理，朕一定要罢他的官，让他滚回老家去！”朱元璋怒气冲冲地说。

“陛下息怒。”刘伯温说，“李善长虽然有错，但他毕竟是元勋旧臣，责罚一下就是了，不必免职。”

“老先生怎么还为他说情？”朱元璋说，“他几次加害于你，如果不是朕，你有几颗脑袋也都掉了。你怎么忘记了？再说，朕要请老先生当丞相。”

“不可。”刘伯温说，“臣是以公论公，没有掺杂私念。李善长毕竟有能力，他能够协调大臣，作为丞相还是称职的。如果换了臣，就好像是把木头捆在一起当大梁！”

“这些丞相，没有能超过先生的，先生就不要推辞了。”

“臣疾恶如仇，又不耐烦做些细微的事情，如果勉强去做，恐怕要辜负陛下了。”

通过这件事，朱元璋对刘伯温更加敬重了。

人物

刘伯温自幼聪颖过人，人称神童。他十七岁的时候跟随老师郑复初在石门洞读书，二十三岁考中进士，并做过几年官。后来因为不满元朝的统治，刘伯温回家隐居，以读书为乐。朱元璋攻占金华、处州后，听人说起刘伯温的才能，便多次邀请他出山，以济天下。刘伯温来到金陵，向朱元璋陈述时务十八策，朱元璋听了喜出望外，专门设立礼贤馆热情款待他。面对陈友谅、张士诚两大劲敌，刘伯温主张先灭陈友谅，后除张士诚，然后向北平定中原，成就大业，这些意见得到朱元璋的认同。

刘伯温足智多谋、思维缜密、料事如神，是朱元璋夺得天下的第一谋

士。明朝建立后，刘伯温被封为诚意伯。

释评

刘伯温在民间几乎无人不知，人们都称他能掐会算、料事如神，却往往忽略了他的另外一面——正直。

李善长为了自己的亲信，竟然与刘伯温结仇，还反复陷害他。李善长厄运临头的时候，刘伯温即使不落井下石，只要一言不发，也可以让李善长垮台。但刘伯温没有那样做，他秉公为李善长说话，可以说是以德报怨。

刘伯温长于谋略，却从来不把自己的谋略用于私利，也从来不去迫害别人。这一点将他与李善长、胡惟庸之流区分开来。后面的两个人不能说没有才能，但他们利用自己的才能去干坏事，最后落得个身败名裂和灭族的下场，而刘伯温却一直为皇帝所信任，也为后世所景仰。

所以，这种“善情救恶”，倒不必非要去感化对方，只要是在做自己应该做的即可。通过类似的如何对待别人的事例，我们可以看出一个人心地的善恶、品格的高下。刘伯温的“善情救恶”丰富了他富于谋略、高风亮节的人物形象。

何谓观其感变，以审常度？夫人厚貌深情，将欲求之，必观其辞旨，察其应赞。夫观其辞旨，犹听音之善丑；察其应赞，犹视智之能否也。故观辞察应，足以互相别识。

然则，论显扬正，白也；不善言应，玄也；经纬玄白，通也；移易无正，杂也。

本卷精要

- 上才以言识人，以言服人，以言用人。
- 提防那些夸夸其谈的人。
- 言谈中隐含真相，只是会听的人太少。
- 了解一个人的辩才，不仅要看他口齿是否伶俐，更要看他条理是否清晰。
- 强辩于己于人都是愚蠢的。

原文

何谓观其感变，以审常度？夫人厚貌深情，将欲求之，必观其辞旨，察其应赞。夫观其辞旨，犹听音之善丑；察其应赞，犹视智之能否也。故观辞察应，足以互相别识。

译文

什么是观察一个人的情感变化，用以审视他处世的基本方式呢？人们常常会把自己内心的真实想法隐藏起来，要想了解一个人，必须要了解他话中蕴含的意思，体察他赞许的观点。了解他话中蕴含的意思，就像从声音中辨别是善还是恶；体察他赞许的观点，就是看他心中对各种观点持何种评价标准。所以，既要弄懂他话中蕴含的意思，也要观察他赞许的观点，这样就可以把两个方面对照起来以辨别。

事典

李世民慧眼识李靖

李世民

唐朝开国皇帝李渊次子。早年征战四方，战功卓著。玄武门之变后，即皇帝位，即唐太宗。在治国方面显示了极强的天赋，以“贞观之治”留名千古，为后来开元全盛奠定了重要的基础。

镜　鉴

具有一双识人的慧眼，成功之路就走了一半。

李靖年纪很小时就志向不凡。他常说：“要是生逢其时，再遇上贤明的主上，我就一定能建立功业。”他文韬武略，常常和舅舅韩擒虎一起谈论

兵法，一谈就是通宵。韩擒虎是隋朝名将，他对人说：“能和我谈论兵法的，天底下只有李靖了。”

有这样一个传说，说李靖开始时并不得志，一天他路过华山庙，诚心前去拜神，请神灵告诉自己将来能做什么官。他走出庙门不远，就听见有人大声说：“李仆射好走。”他吃了一惊，回头再看，竟然没有一个人。后来李靖在唐朝真的做到了仆射这样的大官。

当时还是隋朝的天下，由于隋的暴政，各地起义军纷纷揭竿而起。李靖在隋朝做事，他上奏朝廷，说唐国公李渊将来一定会起事，请朝廷及早除去这一心腹之患。当然，他的建议没有被采纳，但也足以吓得李渊出了一身冷汗。后来李渊真的起兵反隋，攻下长安后，派人捉住了李靖。李渊一直恨他，就下令砍他的头。李靖大声说：“且慢。杀了我，你们一定会后悔的！”

李渊听了这话，就命令刀斧手停下，问道：“你落到我的手中，还有什么不服？”

“你们起兵，是为了平定天下。现在不去做大事，却要报私仇，杀死有本事的人，我为你们可惜！”

李世民听他出语不凡，便快步上前和李靖交谈起来。然后，李世民跪在李渊的面前说：“父亲，此人不可杀！”

“为什么？”

“这个人是栋梁之材，将来必有大用！”

“真的？”李渊将信将疑。

“我看他气宇轩昂、姿貌奇伟。和他交谈，知他才略过人。如果杀了真的可惜。”

于是李渊下令放了李靖，并让他带兵打仗。李靖果然奇计迭出，战功赫赫。贞观初年，李靖率大军平定突厥，生擒颉利可汗。当颉利可汗被解到京城时，太上皇李渊叹息说：“当年汉高祖刘邦被匈奴围困在白登山，这个耻辱一直没报。现在我的儿子能灭掉突厥，我的皇位算是传对了，现在还有什么可担忧的呢！”

他召集王公大臣，在凌烟阁摆酒庆贺。李渊还亲自弹奏琵琶，唐太宗李世民翩翩起舞，十分尽兴。

人物

李靖，字药师。最早在隋朝做官，为马邑郡太守佐官。归唐后，为平定中原割据势力立下战功。唐王朝建立后，他出战突厥，生擒颉利可汗，肃清北境。又转战千里，平定吐谷浑。因为功劳卓著，画像被挂在凌烟阁。相传著有《李卫公问对》《李卫公兵法》等军事学著作。

释评

人们普遍相信“人不可貌相”的格言，但在理解上有所偏差。的确，一个人品质的好坏、才能的优劣，当然与美丑无关。历史上不乏这样的例子。曹操虽有雄才大略，身材却矮小，当匈奴的使者来访时，为了显示威严，他特地让别人装扮成他，接见使者。庞统被称为“凤雏”，和诸葛亮齐名，据说得到他便可得天下，但孙权嫌他长得丑，七孔朝天，不待见他，弄得他很郁闷。刘备也因为他的长相，开始只让他做个县令。人称刘罗锅的刘墉因为长相不济，也没有考中进士，尽管他的考卷无懈可击。但也确实可以通过一个人的外貌辨别一个人，所谓“观人术”就在于这个“观”字。问题的关键在于怎样理解这个“貌”字。这里的貌可以有两种解释，一是指长相美丑，二是指外貌特征。后者包括一个人神情的变化及举止言谈。美丑当然不是判定一个人的标准，但神情的变化有时确实可以显露一个人的内心世界。一个坦率磊落的人目光总是坚定的，心中有鬼的人目光总是游移不定。同样，举止言谈大方有度的人一定有修养，动作猥琐的人一定缺少内涵。唐太宗会用人，这一点有口皆碑，但会用人首先要会识人。他通过观察和短暂的交谈，

就认定李靖是个人才，所以才恳求父亲李渊赦免他。李世民的这番苦心并没有白费，他最终得到了丰厚的回报。

汉朝韩信的遭遇与李靖也差不了多少。他刚投奔刘邦时，犯了错，要被砍头，他对行刑官大叫："汉王不是要得天下吗？为什么先杀壮士？"行刑官正是夏侯婴，他见韩信气度不凡，就放了他，这才有了后面萧何月下追韩信的故事。如果当时夏侯婴不能发现韩信的才能，一刀下去，之后汉王要靠谁来打天下？

唐朝的大将郭子仪也有过类似的经历。他当小兵时要被处斩，李白见了，说这是个了不起的人，不能杀。李白是大诗人，说话有分量，郭子仪才幸免一死。李白并不认识郭子仪，也是"以貌取人"，发现他是个人才。

所以，人的品性和才能，都是形于中而发于外的，通过观察，不是不能发现。当然，这首先取决于你是否有一双慧眼。这里所介绍的，就是如何从各个方面去观察和认识一个人。

原文

然则，论显扬正，白也；不善言应，玄也；经纬玄白，通也；移易无正，杂也。

译文

然而，论点鲜明，支持正确的事物，就会让人感到明白晓畅；不善于表达和应对，就会让人感到深奥难测。能够明白晓畅深奥的道理，便是通达；说话颠三倒四，中心表达不明确，就只能算是杂乱。

事典

陆贾舌辩收南越

陆贾是汉高祖刘邦手下有名的说客，他说话言辞犀利、有理有据，又能抓住对方的心理，因此刘邦很器重他。这天，刘邦召见陆贾，要他出使南越。刘邦对陆贾说："赵佗趁着天下大乱，平定了南越，自立为王。现在天下初定，朕不想再动干戈。爱卿去劝说他，要他归顺大汉天子，接受任命。"

于是陆贾就来到了南越。南越王赵佗一向傲慢，根本没把汉朝的使者放在眼里。他梳着当地流行的发髻，头发像锥子一样，大模大样地伸开双腿说："你来见我，有什么事情见教？"

"大王祸事临头，在下特来报信。"陆贾毫不示弱。

"不要危言耸听，我在这里为王，别人能奈我何！"

"大王本来是中原人，祖先的坟墓都在真定，可你却违反中原人的习俗，放弃中原的衣冠巾带，穿着蛮族的服饰，还想以弹丸之地来对抗天子，与大汉为敌。一旦汉帝发兵，还不是一击即溃，势如破竹？"

"我兵多粮足，难道还怕他不成！"赵佗不服气。

陆贾笑了笑，说："大王，当初楚霸王何等威风，拔山举鼎，有万夫不当之勇，诸侯们又纷纷归顺，可谓盛极一时，但下场又如何？五年不到，霸王就被汉王灭掉了，各路诸侯也被汉王铲平。这说明上天在辅佑大汉天子，他是天命所归。大王现在难道要逆天行事吗？汉朝的大军可以灭掉项羽，南越区区弹丸之地，真的能抵挡汉朝的大军吗？"

"先生请坐。"赵佗脸色变了，态度恭敬起来，"我愿意恭听先生的教诲。"

"不敢。"陆贾的语气也温和下来，"听到大王在南越称王，虽然满朝文武都想请兵前来征讨，踏平南越，但大汉天子仁慈为怀，爱惜天下苍生，

因此才决定罢兵，要我来劝大王归顺，授予你南越王的金印，剖符为信，互通使臣。但大王执迷不悟，妄自尊大，大汉使臣前来，不但不按理到郊外迎接，向北称臣，而且举止放肆，态度傲慢。这是对待天子的礼节吗？一旦天子知道这个消息，挖掘大王的祖坟，诛灭您的宗族，再派一名偏将带领十万人马来到越地，发兵征讨，南越就要生灵涂炭，大王的王位还能坐得稳吗？除掉你，不就和翻一下手掌一样容易吗？”

“哎呀呀，我真是愚钝，幸好先生点醒了我。”赵佗连忙站起身来，对着陆贾深施一礼，然后说，“我在蛮夷之地待得太久了，太失礼仪了，请先生见谅。”

他下令摆下酒宴，为陆贾接风。席间，赵佗问陆贾：“以先生来看，我和萧何、曹参、韩信等人相比，谁更有德、有才呢？”

陆贾想了想，说：“大王似乎略强于他们。”

赵佗面有喜色，又试探地问：“那我和皇帝相比呢？”

“大王差矣。皇帝从沛县起兵，讨伐暴秦，扫平楚国，为天下人兴利除害，继承了三皇五帝的宏伟业绩，统理整个中国。而中国的人口以千万来计算，土地方圆万里，处于天下最富饶的地域，人多车众，物产丰富，政令出于一家，这种盛况是从开天辟地以来从未有过的。而现在您的人不过几十万，而且都是未开化的蛮夷，又居住在这局促狭小的山地海隅之间，只不过如同汉朝的一个郡罢了，怎么能同汉朝相比！”

赵佗听了，心里服气，嘴上却哈哈大笑，说：“我不能在中原发迹起家，所以才在此称王。假使我占据了中原，我又哪里比不上汉王呢？”

一番交谈后，赵佗对陆贾非常敬重。他接受了汉高祖的金印，又再三挽留陆贾，要他留下来和自己畅谈。每天赵佗都要和陆贾饮酒作乐，并向陆贾请教外面的情况，陆贾也知无不言。

“在南越这里，没有一个人能和我交谈。直到先生来到这里，我才顿开茅塞。听到这么多闻所未闻的事情，真是胜过了读书十年。”

“大王这么说，让我诚惶诚恐。只要大王和汉朝永结同心，陆贾此行就没有白来。”陆贾对赵佗施礼说。

“先生说哪里话。我虽然为人粗莽失礼，但信义二字还是懂得的。请放心，南越永远归附大汉天子！”

在陆贾回去复命时，赵佗特地送给陆贾一个口袋，里面装着千两黄金，还有很多礼物，也都非常贵重。汉高祖见陆贾只凭着三寸不烂之舌就说服了赵佗，免去了一场战事，也非常高兴，任命他为太中大夫。

人物

陆贾能言善辩。他投奔刘邦后，一直以宾客身份留在刘邦身边，为他出使各个诸侯国。陆贾是读书人，推崇儒家学说，常常在刘邦面前说起《诗》《书》。刘邦一向看不起儒生，就大声骂道：“老子在马上打来天下，哪里用得着什么《诗》《书》！”陆贾却不慌不忙地说：“陛下在马上得到天下，难道还要在马上治理天下吗？”一席话说得汉高祖哑口无言。陆贾又从容说道：“商、周都是靠造反夺取天下，但顺势怀柔守天下。文武并用，才是长治久安的方法。当年夫差、智伯、秦始皇，也都是因为穷兵黩武而招致灭亡。假使秦国吞并天下之后，推行仁义，效法先圣，陛下今天又怎么能拥有天下！”

刘邦听了，面带愧色，就让陆贾写书，谈论历朝历代兴亡成败的教训。于是陆贾专心著述，写下了十二篇文章，刘邦每读一篇，就大声叫好，左右随从也山呼万岁。后来这些文章被收集在一起，编成《新语》一书。

释评

出使敌对的国家，往往要冒很大的风险。追随皇帝，更是伴君如伴虎。如果不能随机应变，用言辞打动对方，很可能会招来杀身之祸。陆贾出使南越，就遭遇到这样的风险。当初他向高祖刘邦谈到《诗》《书》，也挨了一顿

责骂。如果是平庸的人，就会识相地不再进谏。但陆贾偏偏没有这样做，反而据理力争，这就使危险加大了。因为一味强辩，如果说服不了对方，后果可想而知。但他的辩驳在理，让对方心服口服，不但化险为夷，更博得了对方的敬重，这不能不让人佩服。

观察、判断一个人是否有辩才，不光要看他是不是口齿伶俐，更要看他是否能够说得条理清楚、有理有据。光靠迎合显然是说服不了别人的，这种人成不了大事。古代有很多舌辩之士，他们不光反应快，而且能在把握对方心理的基础上说服对方，这不仅需要嘴上功夫，也要有些真学问。陆贾能写出《新语》，让刘邦叫好，这说明他的辩才是以渊博的知识和不凡的见识为前提的。

先识未然，圣也。
追思玄事，睿也。

观人术

卷八

本卷精要

- 不识人者“人治”，识人者“治人”。
- 深思熟虑，而后可洞察先机。
- 见识加上深入细致的思考，可使人洞悉玄机。
- 身处顺境而能保持清醒才是大智。

原文

先识未然，圣也。

译文

如果一个人能够预先知道未发生的事情，就是圣明。

事典

陆贽识患于未然

大将李怀光能征善战，为唐朝立下不少战功，但因为奸臣卢杞的挑拨，唐德宗李适不许他入朝，这让李怀光感到愤愤不平。

李怀光私下曾对部下说："我为大唐东征西讨，却连觐见都不许，这分明是不信任我！"于是他怀下反心，只等时机成熟，便要率兵反叛。

当时李怀光受命和大将李晟共同讨伐占据长安的叛臣朱泚。李怀光担心李晟抢了头功，就奏请皇帝，请求和李晟合兵一处，一同行动。德宗准奏，让李晟和李怀光合兵一处，并听从李怀光指挥。

于是两支军队合为一股。李怀光的大军正在扎营，朱泚的军队便来进攻。李晟见机，忙对李怀光说："朱泚在城里，易守难攻。现在他出了老巢，正是消灭他的机会，机不可失！"

李怀光却说："大军刚到，士兵们还没有吃饭，怎么打仗？"李晟没有办法，只有听从。

李怀光一直按兵不动，德宗几次派人催他进攻，他都推说士兵们疲劳，无法打仗。他又暗中和朱泚联系，想趁机消灭李晟的队伍。李晟看出了李怀光心怀不轨，就秘密上奏朝廷，请求把自己的军队调移到东渭桥一带，以免后患，但德宗不答应。

李怀光为了激怒手下的士兵和自己一同反叛，就故意向德宗讨要军粮：

"现在士兵缺少粮草，无法讨伐朱泚。请圣上调拨军粮，才好打仗。"

德宗正在为财力发愁，就派陆贽前去安抚。陆贽到了，和李怀光交谈，看出他是故意生事，想要借机造反，就不动声色，极力夸奖李怀光的军威，又说："元帅兵强马壮，足以独当一面。我想以元帅的神威，不用李将军的帮忙也能打败朱泚。"

李怀光一直不把李晟放在眼里，便中了陆贽的圈套，说道："那是当然。本帅身经百战，难道还要靠别人帮忙吗？"

陆贽趁机说："李晟一直想驻守城东，分兵抗敌。既然元帅这里不需要他，我想就让他去守东渭桥吧。"

李怀光大话已出，只好答应。

陆贽回去复命，力劝德宗准许。德宗并不相信李怀光会造反，但在陆贽的一再劝说下，只好下诏让李晟移师东渭桥。李晟得到诏书，非常高兴，马上带兵离开，逃离了虎口。

陆贽又向德宗提议，李建徽、阳惠元两位节度使的军队也受到李怀光的威胁，劝德宗及早采取措施。

"一旦李怀光反叛，两位节度使统率的军队就会被他吞并，这样，他的力量就增加了，而朝廷的力量却大大削弱了。陛下不能不早下决心。"陆贽说。

"爱卿也太多疑了。李怀光虽然骄悍，但朕待他毕竟不薄，他还不至于造反。"

陆贽多次劝说终无成效。就在李晟移师后不久，李怀光就和朱泚串通反唐，很快就夺得了李、阳两节度使的军队，一时声势浩大。德宗后悔不迭，只好带人从长安逃往奉天，又从奉天逃往汉中。

人物

陆贽是唐朝政治家。他自幼勤奋好学，十八岁时就考中进士，担任官职。唐德宗在当太子时就听说过他的名声，一当上皇帝，就提拔他为翰林学士，使其参与机谋。陆贽深感德宗的知遇之恩，对朝政出现的问题，不论大小，都向皇帝提出，很受德宗的器重。

淮西节度使李希烈进攻襄城，德宗派兵前往援救，中途士兵哗变，攻进了长安城，拥立朱泚当了皇帝。唐德宗仓皇逃到奉天，陆贽也从驾左右，帮助德宗收复失地，讨伐叛军。

陆贽很有政治眼光，能够洞察局势，料事在先，并做出正确决策。他文才也很好，虽然一天之内要起草多份诏书，但他都能一挥而就。一次在路上，他与德宗失散，德宗又惊又怕，担心失去这位栋梁之材，便悬赏千金寻找陆贽。当陆贽赶到时，德宗非常高兴。从这件事情中可以看出德宗对他的倚重。

当时陆贽虽然不是宰相，但凡事都由他来出谋划策，有“内相”之称。由于过于耿直，陆贽受到权臣的嫉妒和谮毁，久久不能担任宰相。平定了朱泚之乱后，德宗回到长安，仅授以陆贽中书舍人之职。直到反对陆贽的宰相窦参受到贬斥，陆贽才当上宰相。

释评

一个真正杰出的人才，不光要胸怀大志，还要有远见。远见就是大见识，即从全局和大局来考虑问题，做出决定。只有见微知著，才能防患于未然。

远见是见到显露出来的事物。举个例子，敌人计划来进攻，他们一出发，你就看到了，这是远见。李晟和李怀光共事，发现李怀光有反叛的迹象就比较容易，而陆贽却是根据李怀光的个性和当时的情势来进行推断的，这就说明他更具有眼光。

原文

追思玄事，睿也。

译文

如果一个人能够深入思索精妙的道理，就是睿智。

事典

唐太宗睿智罢献瑞

李世民当了皇帝后，采取了一系列让百姓休养生息的政策，很快就使大唐海晏河清，百姓安居乐业。生活富足，心情也好了，人们开始注意一些祥瑞的事情，并把这些事情和国家的兴盛联系在一起。

一些官员也拿这个来做文章。如果说百姓是出于真心，而官员则是为了讨好皇帝。因为皇帝们都喜欢这类祥瑞之事，借此说明自己上应天心，有上天庇护。很多官员靠着上报这类祥瑞之事，使得龙心大悦，进而升官发财。于是，官员们经常一级一级地上报，说哪里哪里出现了吉兆，这都是托陛下的福，大唐江山万世永固。

太宗皇帝一开始并不在意，时间久了，他发现了问题。一天，有两只白喜鹊在皇宫寝殿中的大槐树上建窝。大臣们见了，都连声称赞，说这是祥瑞的兆头，纷纷向太宗表示祝贺。太宗皱了皱眉，对大家说："最近总是有人上表恭贺祥瑞的事情。祥瑞之事算是什么呢？假如老百姓生活富足，即使没有这类祥瑞之事，也不影响帝王成为尧、舜这样的明主。假如老百姓吃不饱穿不暖，冻死饿死，即使祥瑞之事再多，也不影响帝王成为桀、纣这样的昏君。朕读历史，看到后魏的时候，官员们烧着连理树，煮着白雉鸡。难道这也能说是盛世的征兆吗？"

于是太宗皇帝下令拆掉鹊巢，把喜鹊放到野外，又颁下诏书：从今以后大的祥瑞可以上奏朝廷，大瑞之外的各种瑞兆，报告给有关部门就行了。从此，上报祥瑞之事渐渐少了，官员们都把精力用在了政事上面。

人物

唐太宗李世民是唐高祖李渊的第二个儿子。隋末群雄并起，李世民看到有机可乘，便说服在太原留守的父亲李渊起兵反隋。李渊父子在晋阳起兵，西渡黄河，攻占了长安，建立了唐王朝。

李世民为唐朝的建立立下了赫赫战功。后经玄武门之变，唐高祖李渊退位，李世民即帝位，立年号贞观。

唐太宗登基后，重用贤臣，听取不同意见，采取了一系列积极的政策，使国家变得强大昌盛，史称“贞观之治”。

释评

有了见识，还要做深入细致的思考，这样才能参透事情的玄机。唐太宗是中国历史上最出色的皇帝之一，他的文治武功，在历代帝王之中也少有人能及。贞观之治所达到的政治清明，即使在今天看来也令人称羡。这要是放在一般人身上，他早已陶醉得飘飘然起来，然而李世民却能够一直保持清醒的头脑。

保持清醒，这话说起来容易，做起来却难。难就难在要从每一件小事做起，难就难在每一件小事都不能放过。就说祥瑞之事，历朝历代都有人呈报，历朝历代的皇帝也都欣然接受。唐太宗把国家治理得这么好，献些祥瑞算不上过分，但他意识到，祥瑞的征兆并没有实质意义。如果国家强盛、百姓富足，天下自然太平。而奸臣当道、贪腐之风盛行，“朱门酒肉臭，路有冻死骨”，有再多的祥瑞，百姓也照样会造反，政权照样会被颠覆。因此，与其注重祥瑞，不如把精力用在治理上，这样也可以杜绝一些不干事的人借献祥瑞来邀官请赏。

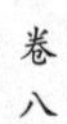

能做到太宗这样，才是真正的大智慧。同样是皇帝，唐玄宗在他政治生涯的前半段也是相当出色的，但他满足于所取得的成就，放松了警惕，结果就使大唐由极盛走向了衰落。

见事过人，明也。
以明为晦，智也。

观人术

卷九

本卷精要

· 能审时者谓之明，能韬晦者谓之智。

· 行动见勇猛，安静见智慧。

· 正确的决策来自当机立断的能力。

· 要防范那些装作不聪明的人。

· 聪明而不外露，总能获得最大的收益。

原文

见事过人，明也。

译文

如果一个人判断事情的见识超过常人，就是英明。

事典

张辽明察定军心

张辽勇武过人，又长于谋略，因此曹操很器重他。建安十三年（208），荆州尚未安定，曹操便命张辽驻守长社。张辽正整装待发，突然有人来报："报告将军，军中有人造反！"

果然，外面火光四起，喊杀声不断。士兵们惊恐不安，拿着武器四处张望，不知道该如何是好。

张辽的左右对张辽说："情势危急，将军还是暂且避一避，待我们前去迎敌。"

张辽神情自若道："不必惊慌，这只是少数人在作乱，想要扰乱军心。如果我们一动，就中了他们的奸计。"

张辽披上铠甲，从容下令："大家不必惊慌。凡是没有参与叛乱的，都坐在那里不要动。"

他带着十名亲兵，举起火把，威风凛凛地在营地中央站定。士兵们见主帅如此镇定，也都安静下来，席地而坐。那些作乱的人本来想扰乱军心，让大军自相残杀，现在看见计谋不成，都惊慌失措，想要逃走。

张辽对一名部将下令道："把作乱的人都给我抓起来。"

很快，那些作乱的人被带了上来，张辽下令把他们斩首。于是，一场危机就这样平息了。

人物

张辽先是凭借一身武艺，被并州刺史丁原召为部下，后来又归于董卓部下。董卓被吕布杀死后，他归顺了吕布。曹操攻破下邳，杀死吕布，张辽率余部投降曹操，从此得遇明主，官拜中郎将。

张辽曾和关羽同为先锋，解白马之围，大破袁绍的军队。他不仅有一身好武艺，也很有谋略。到了晚年，他还带病征战，孙权对他很是畏惧，对众将说："张辽虽然生病，但仍然勇不可当，你们一定要小心。"后来，张辽病逝于前线，曹丕痛哭流涕。

释评

张辽是大将之才，不仅能打仗，还有谋略，能够撑得住大局。

军营中有人叛乱，这很容易引起恐慌，使军队自乱阵脚。因为从当时的情势看，你很难去问明缘由、搞清情况。在这种情况下，必须当机立断做出正确的决策。

而张辽的正确决策就是一个"静"字。制造叛乱的人毕竟是少数，你一静，他的目的自然就达不到了；你一静，他的行动也自然就暴露在众人的眼前了。

为将者，不光要勇猛，更要行动迅速，如雷霆闪电，更要能静，稳如泰山。张辽显然明白这样的道理。其实无论古今，道理总归是一样的。兵法上也早就讲过这样的话——"静如处子，动如脱兔"，讲的就是动与静的关系。只有明白了这样的道理，才能说他是明智的；只有明白了这样的道理，才可以用来判断一个人能不能算得上明智。

原文

以明为晦，智也。

译文

如果一个人内心精明，外表却并不显露出来，就是智慧。

事典

刘裕韬晦除桓玄

刘裕原来是东晋桓玄手下的将领。他韬光晦迹，准备干一番事业。

桓玄是桓温的儿子。比起他的父亲来，桓玄更加野心勃勃，也更加跋扈。他不断扩充势力，收拢人心，以实现父亲称帝的遗愿。

刘裕作战勇敢，但地位并不高，再加上举止随便，很多贵胄名流都不怎么瞧得起他，只有王谧对他另眼相看。王谧是丞相王导的孙子，在朝中很有地位。他私底下对刘裕说："老夫阅人无数，只有你会成为当世的英雄。"

桓玄第一次见到刘裕时，刘裕正随着几位刺史进京朝见。桓玄对王谧说："此人风骨不同寻常，只怕不是寻常之人。"

桓玄的妻子刘氏，有一双识人的慧眼，她见了刘裕，对丈夫说："我看刘裕走路的样子，龙行虎步，两眼有神，一定不是久居人下之人。你要想得天下，就得早早除掉他，免得留下祸患。"

桓玄叹了口气说："现在我要平定中原，正是用人的时候。除了他，真的没有可用的人了，以后再说吧。再说他现在也翻不了天。"

刘裕自己也非常谨慎。其实他和桓玄一样野心勃勃，但他知道时机未到，自己的势力还远远比不上桓玄，就把自己的志向巧妙地隐藏起来，毫不外露，免得为自己招来麻烦。他一面逢迎桓玄，一面暗中打着自己的算盘——桓玄想利用自己实现夺取天下的野心，自己反过来也正好利用桓玄

的野心来实现自己的目的。

桓玄东征西讨，铲除异己，已经有三分之二的东晋疆土归他管辖，他觉得自己可以实行下一步计划了。他让下面的人呈上天命符征和吉兆，来表明自己是天命所在。但他内心也充满了恐惧，这毕竟是篡位，可能会一步登天，也可能一步跌入地狱。一天夜里，南京城外涨水，水流入城内，淹死了很多人。水涛声加上百姓的呼叫声使他心惊胆战，他还以为是手下造反。

他担心的人中当然有刘裕。他命堂兄桓谦到刘裕那里去打探虚实，一旦发现刘裕有异心，就杀了他。

桓谦见到刘裕，问道："楚王桓玄功高德重，现在朝廷里面有些人劝他自立为帝，弄得楚王很是为难！"

"这是好事。"刘裕不动声色，"楚王功德盖世，现在晋室不振，百姓的希望都转到了楚王的身上。以他的功德和威望，代替晋室，我看未尝不可！"

桓谦听完兴冲冲地回去复命，向桓玄说明了刘裕的态度。桓玄非常高兴，放松了对刘裕的警惕。刘裕却乘机和何无忌一同乘船返回京口，暗中商量恢复晋室。刘毅也来找何无忌谋划反桓，何无忌却故意说："桓氏势力强大，能有把握吗？"

刘毅笑笑，说："天下自有强弱，如果失去人心，虽然强大，也会变弱。现在所愁的只是缺少个带头的盟主。"

"难道天下就没有一个英雄吗？"

"我所知道的只有刘裕了。"

何无忌笑而不答。他回去告诉了刘裕，于是他们决定联合起来反桓。起事那天，刘裕以打猎为名，聚集了一百多人在京城发难，杀死守将桓修。刘毅也在广陵起事，杀死桓修的弟弟桓弘。众人推举刘裕做了盟主，传檄四方，各地纷起响应。桓玄见情势不妙，便挟持晋安帝，逃到江陵。刘裕率军进入建康，坐镇京师，指挥各路人马乘胜西进。

经过一个多月的激战，桓玄被逼逃往西川，为益州都护冯迁所杀。第二年，刘裕迎回晋安帝复位。为奖励刘裕再造晋室之功，安帝进刘裕为侍中、车骑将军，都督中外诸军事，从此刘裕掌握了朝廷的军政大权。

人物

刘裕的父亲刘翘，曾担任小吏，但很早就去世了。刘裕少时家中贫困，只能以砍柴、打鱼、贩卖鞋子为生。他性格强悍、坚忍，喜冒险，也足智多谋，做事深藏不露。东晋孝武帝时，刘裕从军，开始了戎马生涯。晋安帝当了皇帝，孙恩从会稽起兵反晋，东南八郡纷纷响应，使朝野大为震惊。刘裕当时是参军，他作战勇猛、指挥有方、富有智谋，善于以少胜多。刘裕治军整肃，法纪严明。因讨乱有功，刘裕被封为建武将军，担任下邳太守。

桓玄掌握朝政后，刘裕投靠桓玄，韬光养晦，暗中积蓄力量，准备取而代之。经过一番较量，他终于灭掉桓玄，使晋安帝复位。为了提高自己的威望，他决定兴师北伐，结果一举攻陷长安。但由于野心的驱使，他最终放弃统一的机会，回到南方。元熙二年（420），刘裕代晋称帝，建立刘宋王朝，史称宋武帝。

释评

我们认识和评价一个人，往往更多地把着眼点放在他是否聪明上面。但历史上有很多聪明人，不但没有实现自己的志向，反而因为聪明丢了性命，三国时的杨修就是这样的例子。因为人们过于注重聪明，要是你被认为是聪明的，那你的一举一动就会受到加倍的关注，那是很不妙的事情。

因此，真正聪明的人都会巧妙地伪装自己。有的人装得懵懵懂懂，但这仍然是下策，而上策是让别人看不出你的真实意图。刘备志在夺取天下，可当时他在曹操手下，以曹操的为人，刘备一个不小心，不要说后来的三分天下，就是脖子上的一颗脑袋都保不住。但他装成一个胸无大志的人，整天在园艺上下功夫，这就在一定程度上蒙住了曹操的眼睛，使曹操对他放松了警惕，他才有了后来的作为。刘裕也是这样，他当时无法与桓玄对抗，也要借桓玄的力量来壮大自己的势力。于是他装成对桓玄一片忠心的样子，以此来掩饰自己的野心。桓玄也算得上是一世枭雄，却没有想到会栽在刘裕的手上。

这样的例子给了我们很大的启示：一个表面上聪明的人并不危险，危险的是那些假装不聪明的人。也就是说，表面上的聪明不算是真聪明，而内心的精明才具有实质的杀伤力。

观人术

卷十

微忽必识，妙也。
美妙不昧，疏也。

本卷精要

- 最高的才能是统御人才。事必躬亲，则难成大事。
- 细微之处常常更能显露出事物的本质。
- 真诚率直的人，是值得交往的人。
- 大智慧终须返璞归真。

原文

微忽必识，妙也。

译文

如果一个人能观察、识别任何细微的地方，这就叫作“妙”。

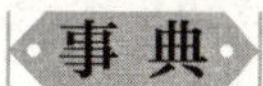

诸葛亮智识刺客

诸葛亮

三国时期蜀汉丞相。温文儒雅，足智多谋，出山前即以《隆中对》为刘备画出争鼎天下的战略蓝图，一生为蜀汉鞠躬尽瘁，死后追谥忠武侯。

镜　鉴

不放过细节，时刻保持敏锐的观察力，方能神机妙算。

曹操有志于天下，他的心腹大患就是刘备和孙权。曹操要想一统天下，就必须消灭刘备和孙权。但事情谈何容易。孙权占据长江天险，吴地又很富庶，兵多粮足。在赤壁之战中，曹操的八十三万大军就被一把火烧得灰飞烟灭。而刘备手下有五虎上将，又有神机妙算的诸葛亮，更是不容易对付。于是曹操就想到了一个主意。

这一天，有位客人前去拜见刘备。刘备一向求贤若渴、待人宽厚，听到有人求见，就放下手头的事情，请客人进来。这位客人仪表不凡，一见面就赢得了刘备的好感；他谈吐不俗，也使刘备倾心。而且他论起天下大势来头头是道，竟然和刘备的想法一样。刘备很高兴，以为自己又发现了

一位贤才。

客人越谈越高兴，离刘备也越来越近。他的眼睛闪出奇异的光芒，还把手插入了口袋里。

“主公，军师求见！”正在这时，外面的人来报。

“哦，军师来得正好，快请！”刘备忙说。

客人直起身来。诸葛亮一袭道袍，翩然而入。客人看到诸葛亮，深深地看了他一眼，便对刘备说：“陛下与军师想来有要事相商。小人要去厕所，回来再谈。”

“主公，这是什么人？”诸葛亮问。

“这是一位奇士，很有见识，”刘备高兴地说，“可以成为军师的臂膀呢。”

“主公，依我来看，这不是奇士，而是刺客，他也不是去厕所，而是逃走了！”

“刺客？”刘备大惊，“怎么会？”

“我进来时，他目光游移不定，不敢和我对视。他目光看着下面，又露出一股杀气，因此，我认定这是曹操派来的刺客。”

“有道理，难怪我觉得他的目光有些异样。”

他下令手下前去捉拿，但那个人已经翻墙逃走了。

人物

诸葛亮早年丧父，他和弟弟诸葛均由叔父诸葛玄养大。叔父去世后，他隐居隆中，一边耕种一边读书。诸葛亮二十七岁时，刘备三顾茅庐，前来求见。诸葛亮精辟地分析了当时的形势，提出了首先夺取荆、益二州作为根据地，对内改革政治，对外联合孙权，南抚夷越，西和诸戎，等待时机，两路出兵北伐，从而统一全国的战略思想，使刘备大为敬佩。

刘备恳请诸葛亮以苍生为重，出山帮助他完成兴复汉室的大业。诸葛亮实施联孙抗曹的战略，大败曹军于赤壁，夺占荆州，攻取益州。继而击败曹军，夺得汉中。后来刘备在成都建立蜀汉政权，诸葛亮被任命为丞相，主持朝政。刘备病逝，刘禅继位，诸葛亮被封为武乡侯，领益州牧。他勤勉谨慎，大小政事必亲自处理，赏罚严明，与东吴联盟，改善和西南各族的关系，实行屯田政策，加强战备。他率军驻扎汉中，前后六次北伐中原，终因积劳成疾，病逝于五丈原军中。

释评

这里谈到的仍然是智慧。智慧有很多种，其中能够对别人做出准确的判断应该是很重要的一种智慧。我们和别人打交道，首先要摸清他的真实意图，判断他是不是可靠，有没有能力，等等。当你不了解对方，而对方为你提供的信息又很少时，你就要依据一些细微的小事和细节做出你的判断。

假如一个人有所图谋，他往往会把自己的真实意图掩盖起来，甚至会制造一些假象，让别人无法觉察。但上面提到的意图在一些细微的地方却会不知不觉地向你吐露实情。比如说，故事里面提到的那位刺客，他自称是刘备的追随者，这当然让刘备听了很高兴，因为喜欢被别人赞美是人的本性，也是人性中的弱点。当刺客的见解和刘备的一致时，刘备就更加高兴了。这时刘备已经放松了警惕，中了对方的圈套，幸亏诸葛亮及时进来，救了刘备一命。

诸葛亮和刘备不同，他不看表面的东西，而是通过对方的眼神和表情直观地感到对方心怀歹意，又通过对方因为心虚而避开眼神的举动进一步断定他是来行刺的。这当然是诸葛亮的过人之处，同时也给了我们识人的启示：判断一个人是否具有才智，可以看他是否有见微知著的能力。

原文

美妙不昧，疏也。

译文

如果一个人很清楚什么才是美好的，这就叫作“疏”。

事典

王之涣酒楼赛诗

王之涣

盛唐诗人，好游历，与名士多有结交。常与高适、王昌龄等相唱和，以善于描写边塞风光著称。其诗多被当时乐工制曲歌唱。传世之作有《凉州词》《登鹳雀楼》等。

镜　鉴

胸怀坦荡，敢于自我欣赏，乃见其真性情。

王之涣从小就性情豪迈，喜欢结交一些整天无所事事的富家少年，和他们一起击剑唱歌、骑马饮酒。年纪稍长后，王之涣感到这样混沌下去没有意思，就苦心读书、作文。十年下来，他的诗文写得很好，但他耻于通过科举考试来做官，只拿着自己的作品去求见一些有名的人士。

他的诗有意境，音律也动人，很受人喜爱。所以，他每一首诗都被作曲的人谱上曲子传唱。慢慢地，他的名气越来越大。

他和王昌龄、高适是很好的朋友。王昌龄和高适也都是当时非常有名的诗人。这一天，他们三人相聚，在长安的街上闲逛，品评着当世的文人。这是初冬的午后，天空正飘着雪花，略有些冷。

“天寒微雪，正是喝酒的好天气。我们何不到酒楼一饮？”王昌龄提议说。

“好是好，不过谁出酒钱呢？”高适问道。

“我们不如请些歌女，让她们唱诗，唱谁的诗多，谁就是优胜者，酒钱嘛，自然由他来出。”王昌龄说。

“这主意好。”王之涣说，“赢了的人出钱，自然心甘情愿。看来这笔钱是要由我来出了。”

“这倒未必。”高适说，“你怎么知道赢的一定是你呢？”

“算了算了，”王昌龄说，“这样舌战没用，我们进去比试吧。”

于是三人来到一家酒楼，点了酒菜，又请来一些有名的歌伎，让她们唱曲。

歌伎们的纤纤素手就开始弹奏起琵琶来，珠圆玉润的琵琶声使人陶醉。三人满饮一杯，只听一个歌伎唱道：“寒雨连江夜入吴，平明送客楚山孤。洛阳亲友如相问，一片冰心在玉壶。”

这是王昌龄的诗。王昌龄很得意，用筷子敲着酒杯，眼睛看着两人说：“如何？”

这个歌伎唱完了，又一个歌伎唱了起来：“开箧泪沾臆，见君前日书。夜台今寂寞，犹是子云居。”

这是高适的诗。高适大笑，对王之涣说：“看来你的钱算是省下了。”王之涣微笑不语。

这时，一个容颜动人的歌伎唱了起来：“黄河远上白云间，一片孤城万仞山。羌笛何须怨杨柳，春风不度玉门关。”这正是王之涣的诗。

她唱完这首后，又连唱了两首王之涣的诗。王之涣大声笑道：“我说如何？今天的酒钱我算是出定了。”

人物

王之涣是盛唐时期的著名诗人。他最初以门荫补冀州衡水主簿，因为受到别人的诬陷，愤然辞去官职，回到家乡，读书写作，长达十几年。王之涣后来又做了个小官，在瀛洲文安县当县尉。他生性豪放不羁，常击剑悲歌，又喜好游历，与名士多有结交。他善于作诗，其中以描写西北风光的诗最有特色，经常被人传唱，名盛一时。《全唐诗》存其六首诗，其中《凉州词》和《登鹳雀楼》至今仍广为传诵。

释评

诗人们具有真性情，他们往往对自己的喜怒哀乐不加掩饰，而是自然流露。王之涣等人就是这样。他们在酒楼互争高下，当然带有游戏的成分，也反映出他们之间的真挚友情。如果朋友们在一起，互相掩饰，或对别人试探，那该是多么煞风景的事情，他们的友情也要大打折扣。

真性情的流露和智慧的高低无关。人是应该有些真性情的，不过要分对象。如果不分对象，一味地流露真性情，那就多少会有些愚蠢。反过来，如果对任何人都戴着面具，这样的朋友谁都不想结交。

因此，能够流露真情、自然率直的人，往往可亲，也可靠，是真正值得交往的对象。

测之益深，实也。
假合炫耀，虚也。

观人术

卷十一

· 外柔内刚的人堪当重任。

· 能者深藏，浅者外露。

原文

测之益深，实也。

译文

与人相交，越试探越发现其内蕴深厚，这就叫作“实”。

事典

董晋宽柔稳危局

董晋在唐德宗时和窦参同朝做宰相。窦参为人城府很深，又阴险狡诈。他常常派侄子窦申去探听别人的消息。和这样的人共事，董晋自然小心翼翼。当时所有的事情都由窦参做主，董晋面上只得附和于他。窦参从此不把董晋放在眼里，以为自己独掌朝纲，遂变得骄横跋扈起来。

一天，窦参找到董晋，要他奏请皇上，让窦申当吏部侍郎。这是一个重大的失误，因为窦申和窦参的关系朝中所有的大臣都清楚。但董晋不动声色，依言向皇帝上奏。

皇帝看了董晋的奏章，就召他到便殿，问道：“你保奏窦申，是不是窦参的主意？”

董晋回道：“陛下圣明，正是窦参要臣举荐的。”

皇帝问起窦参的过失，董晋一五一十地向皇帝做了汇报。皇帝沉默了很久，才让董晋退下。不久，皇帝颁下诏书，将窦参贬官。董晋也上表要求辞去官职，于是德宗准他辞去宰相的职务，改任兵部尚书。

后来，汴州节度使李万荣得了重病，他的儿子图谋作乱。朝廷便派董晋去接任汴州节度使。接到命令后，董晋来不及召集兵马，只带了十几个手下赶到汴州。当时，汴州的兵权由邓惟恭掌管。邓惟恭本来以为李万荣死后，朝廷会让自己接任汴州节度使，没想到派了董晋来，心里十分失望。

于是，他故意不去迎接董晋，想给他个下马威。

董晋的部下对他说："按理，邓惟恭应该亲自来这里迎候大人，他没有来，可见心怀不轨。大人还是暂且留在这里，不可贸然前去。"

"我奉命担任节度使，只能按时到任，怎么能耽误时间？"

随从们都惴惴不安，董晋却泰然自若。到了离汴州几十里的地方，邓惟恭才前来迎接，而且态度傲慢，连马都不下。董晋不动声色，到了节度使府，他仍然让邓惟恭主持军务，暗中却上表朝廷，奏明邓惟恭傲慢无礼、图谋不轨，建议将他发配岭南。

皇帝准奏。流放了邓惟恭后，董晋一切都按照过去的规矩办理，加上他性格宽厚、待人谦和，很快就使局面安定下来。皇帝原来担心董晋柔弱，控制不了局面，看到汴州这么快就稳定了，心中的一块石头才落了地。

人物

董晋在唐玄宗朝后期开始做官。唐肃宗即位后，先后升迁为侍御史、祠部郎中。唐代宗大历年间，他随同兵部侍郎李涵护送崇徽公主嫁回纥，回朝后拜司勋郎中，后迁转秘书少监、左金吾将军等职。

唐德宗即位，董晋授左散骑常侍，兼御史中丞，出任华州刺史。当时，前往平乱的泾原镇兵将经长安时发生哗变，拥立朱泚为主。节度使李怀光也起兵反叛朝廷，并与朱泚相呼应。董晋在河中对李怀光晓以大义，劝他不要助朱泚为乱。李怀光听从董晋的劝说，终于没有和朱泚相勾结，这对当时的政局产生了积极的影响。

唐德宗返回京师，董晋迁任门下侍郎、同平章事，执掌相权。

释评

董晋看上去是个柔弱的人，似乎难以承担重任，但这只是他的外表给人的印象。一个有能力的人，性格往往具有不同的侧面：柔弱的人可以外柔内刚，刚直的人也会审时度势。这和刻意对自己加以掩饰的人不同，他们的能力本来就是存在的，只不过别人只看到了他们的表层，却没有把握住他们更深的内涵。

真正有能力的人都是深不可测的，而能被一眼看到底的人往往都没有多少内涵。评判一个人，要看他有没有内涵，或内涵有多深。内涵越深，人就越厚重，就不会流于浅薄。至于内涵的形成，一方面是靠先天的素质，另一方面要靠后天的修养。

原 文

假合炫耀，虚也。

译 文

与人勉强凑合，又炫耀，这就叫作“虚”。

事 典

安禄山逢迎唐玄宗

安禄山为人剽悍，又狡诈机警，善于揣摩别人的心思，很会讨上司喜欢。他知道唐玄宗耽于享乐，就四处搜集奇珍异宝，献给玄宗。玄宗好大喜功，于是安禄山就摆下酒宴，骗胡人首领和将士到他的营中来喝酒，把他们灌醉后杀死，然后拿着他们的首级，到朝廷请功。他任平卢节度使后不久，又兼任了范阳节度使，称得上大权在握。

他利用到长安晋见皇帝的机会，千方百计地迎合玄宗，讨得玄宗的欢心。他体重三百多斤，又矮又胖，肚子大得都垂了下来。玄宗见了，就开玩笑说："爱卿这么大的肚子，里面装的是什么？"

安禄山一本正经地回答："没有别的，只有一颗对陛下的忠心！"

玄宗听了十分高兴。玄宗对安禄山宠爱有加，让他和杨贵妃一同吃饭，还让贵妃认他为干儿子。当时皇帝只不过是随便说说，但安禄山不顾自己比杨玉环年纪还要大，当即跪在地上叫起娘来。

玄宗对杨贵妃十分宠爱，安禄山就竭尽全力逢迎杨贵妃。他在杨贵妃面前跳起胡旋舞，引得杨贵妃大笑。安禄山的生日到了，杨贵妃就为他洗澡，然后让他穿上婴儿服。安禄山也装成婴儿，做出一副乖乖的样子。以后每次到朝中，他都先朝拜杨贵妃。玄宗见了，问："你这个胡儿，怎么不拜我，而拜贵妃？"

安禄山随口说道："我是胡人，胡人只知道有母亲，不知道有父亲！"

玄宗听了哈哈大笑，命人在长安给他建造宅院，并恩准他可以随意在宫中进出。安禄山却不满足于给大唐皇帝当个挂名的干儿子，他想要的是唐朝的江山。他一面花言巧语，骗取皇帝和杨贵妃的信任，一面暗中扩充实力，招兵买马。有朝廷官员到他那里，他百般奉承，又用金银贿赂，这些人回来都替他说好话。唐玄宗被他哄得团团转，有些正直的大臣在玄宗面前说安禄山有野心，但玄宗始终不相信。

最终，安禄山和史思明举兵，以讨伐杨国忠为名，率兵南下，引发了历史上著名的长达八年之久的安史之乱，给了唐王朝致命的打击。

人物

安禄山的父亲是康姓的胡人，母亲是突厥人。他从小就死了父亲，随母亲在突厥部落生活。因为母亲后来改嫁突厥人安延偃，他就冒称姓安，改名禄山。禄山，在胡语中有"光明"之义。

安禄山性情残忍、狡诈，勇力过人。开元二十年（732），幽州节度使张守珪因安禄山骁勇多智谋，任命其为捉生将，并收为养子。安禄山骁勇过人，又熟谙山川形势，所以每次出去，都能有不少斩获。在立下战功后，他步步高升。宰相张九龄早就看出他有野心，就奏请皇帝把他处死，唐玄宗却不以为然。

天宝十四载（755），安禄山在范阳起兵，以讨伐杨国忠为名，发动叛乱，攻陷洛阳。第二年，他在洛阳自立为大燕皇帝，紧接着又攻陷长安，使唐朝的半壁江山陷于长期战乱之中。后因为内部矛盾，安禄山被他的儿子安庆绪杀死。

释评

有些人可以过关斩将，所向无敌，却会在美言面前土崩瓦解。

安禄山是个胡人将领，其貌不扬，其心不正，朝中许多官员甚至像杨国忠这样的都已经看出他有谋反之心，唐玄宗却被他哄得团团转。虽然唐玄宗后来也意识到安禄山拥兵自重，是个危险人物，但还是认为可以通过笼络来稳住他，却万万没有想到，安禄山并不想只给皇帝当干儿子，他想坐上龙椅，自己当皇帝。的确，有皇帝的宝座在那里等着，谁会甘心给皇帝当干儿子？

安禄山绝对是位出色的演员，他本来是一个演反派的本色演员，却伪装成忠臣，而且居然伪装得很成功。唐玄宗是何等人？居然也被他蒙骗了，真是不可思议。

值得人深思的是，唐玄宗上了大当，差点以失去锦绣江山作为代价，但后人似乎并没有接受教训，照样有人吹捧逢迎，照样有人上当。这种历史悲剧一演再演，演员不腻，观众不烦。有时甚至分不清谁是观众，谁是演员，历史变成了一场闹剧。但一旦散场，你会发现，这里面全是假的，都是在演戏。不是你上当，就是我吃亏。

自见其美，不足也。
不伐其能，有余也。

观人术

卷十二

- 智者往往是沉默者：知者不言，言者不知。
- 手高于头，做强于说。
- 观人不应看其取得成绩前，而应看其取得成绩后。

原文

自见其美，不足也。

译文

如果一个人自己表现自身的长处，就是不足。

事典

赵括自夸遭灭顶

赵奢是赵国的名将，骁勇善战，为赵国立下了不少功劳。所谓将门出虎子。赵奢的儿子赵括也喜爱军事，把一本本兵书都读烂了。和别人谈起打仗来，他总是口若悬河，滔滔不绝，还自称打遍天下无敌手。

赵奢得了重病，赵王到病床前去看望他。赵奢临终前嘱咐赵王要重用老将廉颇，而不要重用自己只会纸上谈兵的儿子赵括。赵王嘴上答应，心里却不以为然。

公元前264年，即赵孝成王二年，秦国派兵攻打赵国，攻下了几座城池。赵王派廉颇率领军队抗击秦兵。廉颇久经沙场，他看到秦军急于求成，就下令大军坚守不出，以消耗秦国的军力，等到他们疲惫不堪时，再一鼓作气消灭他们。

秦军进退两难，战争一时处于胶着状态。秦王对战局很是担心。他对丞相范雎说："这样下去不是办法，要尽快想出主意来。"

"臣已经有办法了。廉颇深明兵法，我们用反间计将他除去，让赵国用赵括为将，我们就可以大胜他们了。"

"赵括，他可是个将才呀。"秦王迟疑地说，"只怕要比廉颇更难对付。"

"大王放心，"范雎说，"这个人只会吹牛，根本不懂打仗。我们要大败赵国，只有靠他了。"

于是范雎派人收买了赵王身边的人，让他们对赵王说："廉颇老了，害怕秦军，只会坚守不出。"

赵王听信了左右的话，就问怎么办。

"大王不如撤掉廉颇，用赵括为将，这样就可大破秦军。"

于是赵王下令起用赵括为将，代替廉颇。

秦国听到这个消息，暗中派最能打仗的白起赶到战场，统率全军。赵括一到任，就下令全线出击，要一举消灭秦军。白起故意先派出三千人马，被赵括打败，然后假意撤退，暗中设下埋伏。

"我说什么来着？"赵括得意扬扬地对身边人说，"秦军果然不堪一击。"他亲率大军追击，要把秦军杀个片甲不留。

秦军在长平把赵国大军团团围住，双方激战了四十六天，赵国四十多万大军死伤大半。赵括率领残兵突围，被秦军杀死，他的首级被吊在旗杆上。赵国的士兵见主帅已死，只好投降。

秦将白起残忍地活埋了赵国的二十万降兵，赵国从此走向了灭亡。

人物

赵括是赵国名将赵奢的儿子。赵奢被封为马服君，因此赵括也叫马服子。赵奢用兵如神，曾多次解赵国之危。

赵括自幼熟读兵法，据说其父也难不倒他。他过于自信，自以为天下无敌，但长平一战，竟使赵国四十多万大军全军覆没，自己也死于乱军之中，成为被后世耻笑的"纸上谈兵"的典型。

释评

知者不言，言者不知。喜爱夸夸其谈的人，你对他的才能的可信度要多打些折扣才是。不然你会像那位赵王一样，把几十万大军交给一个只会说不会做的赵括，最终兵败。

赵国的失败，赵括当然要负一部分责任，但主要的责任还是应该由赵王承担。他不知人，不知辨人，因此就更谈不上会用人。长平之战中，他最初使用老将廉颇，无疑是正确的。廉颇老将军身经百战，即使不能取胜，也不至于走向灭亡，但他偏偏听信了别人的挑拨，撤掉了廉颇老将军，改用赵括这个只会纸上谈兵的人。

当然，历史的这一页已经翻过去了，但前人的经验对我们后人来说是十分宝贵的，“前事不忘，后事之师”。古人还说过，听其言观其行。一个人说得是否漂亮并不重要，重要的是看他做得如何。至少我们要对那些爱说大话、空话的人保持足够的警惕，不要被那些漂亮的辞藻所蒙骗。

原文

不伐其能，有余也。

译文

如果一个人不夸耀自己的能力，就是有余。

事典

裴度功高不自居

唐代中后期，朝廷一直陷于藩镇反叛的动乱中，而裴度则是这一时期一位功勋卓著的人物。

淮西节度使吴少阳死后，他的儿子吴元济掌握了军权，发兵反叛。朝臣大多数主张安抚，任命吴元济接任淮西节度使。但裴度认为，淮西作乱是朝廷的心腹之患，应该讨伐，这样才能长治久安。裴度的这一主张引起了割据势力的恐慌，他们暗中派人刺杀主张讨伐的大臣。在上朝的路上，

大臣武元衡被刺客杀死，裴度也受了重伤。

这一事件使大臣们非常害怕，他们纷纷请求唐宪宗罢兵，裴度却说："如果不除掉淮西吴元济这个心腹大患，以后各个藩镇将会继续作乱，天下就永远没有太平的日子了。因此，为了朝廷的安危，这个钉子一定要拔掉。"

裴度的坚定态度得到了一些大臣的支持，宪宗也同意裴度的主张，立即任命他为宰相，让他掌管讨伐的事宜。朝廷经过连年的征伐，战事不利，兵饷运输也成了问题。这时，朝中的一些大臣又纷纷主张罢兵。

宪宗皇帝问裴度："你怎么看？"

"我们应该坚持到底，不然就会功亏一篑。吴元济现在处境困难，必败无疑。我们屡屡讨贼失利，不是因为敌人强大，而是因为诸将不能齐心合力。"

"那该怎么办？"宪宗问。

"臣准备去前线督战，誓与吴元济决一死战。"裴度坚定地说。

"好！"宪宗大声说，"朕决不言和。"

裴度出征那天，宪宗亲自相送。到了通化门，皇帝解下自己腰间的通天御带赐给裴度，以示勉励。裴度流着眼泪拜别皇帝："陛下，剿灭叛贼之日，就是臣回朝之时。如果不消灭叛贼，臣誓不回朝！"

裴度亲赴前线，取消了中使监军制度，让将领们有权行动，调动了他们的积极性。他军法严肃，统一号令，将士们都奋勇争先，接连取得胜利。

唐邓节度使李愬是西平郡王李晟的儿子，英勇善战，裴度很倚重他。一天，裴度和李愬秘密制订了一个行动计划。一个风雪之夜，李愬亲率人马，急行军来到了吴元济的重要营寨张家村。

大雪漫天，严寒袭人，当地的守军毫无防备，都在围着火炉烤火。李愬的人马轻而易举地占据了这个营寨。他又率领身强体壮的士兵连夜出发，在大雪中行军七十多里，准备偷袭吴元济的老巢蔡州城。官军悄悄爬上城墙，杀死守城的士兵，然后打开大门，又用同样的方法进入里城。李愬率人来到了吴元济的住处。吴元济正在酣睡，遂被李愬活捉。

这个决定性的胜利震惊了朝野。裴度当即来到蔡州城，废除了吴元济的苛政，宣布只杀少数带头叛乱的，其余人一概不惩罚。蔡州士兵有的被招降，有不愿当兵的，就准许他们回家务农。于是，蔡州的局面很快就安定了下来。

淮西之乱被平定，其他地方的割据者，很多也都自动归附朝廷。裴度后来又征讨李师道，收复淄青十二州，基本上平息了藩镇之乱。裴度自然是平息藩镇之乱的功臣。大臣们纷纷赞美他，说他兴唐有功，功在社稷。裴度却从不居功，说："仗是将士们打的，我何功之有？"

人物

裴度，字中立，河东闻喜人。他出身于官宦人家，二十五岁考取进士，后由监察御史累迁至御史中丞。他极力主张削除藩镇，被宪宗升为宰相。元和十二年（817），他督师攻破蔡州，擒获吴元济，河北藩镇大惧，多表示服从中央政府，唐朝开创了中兴的局面。裴度在唐宪宗、唐穆宗、唐敬宗、唐文宗四朝担任要职，三次为相，五次被排挤出朝廷，到太原、兴元、襄阳和东都洛阳等地做地方官。尽管如此，裴度的威望德业一直为世人所重，时人论将相，皆"推度为首"。

释评

一个人不夸耀自己的长处是一种优点，但真正能做到功高而不自居则是一种美德，需要很高的修养和很深的智慧。裴度力排众议，主张对淮西的割据势力进行征讨，反对姑息养奸，这是他的过人之处；他在受到暗杀后仍毫不退缩，极力主战，这是他的坚毅果敢；在出战不利的情况下，他能够看到事情的转机，这是他洞察力超群的表现；振奋军心，重用李愬，使唐军在大雪之夜奇袭蔡州，一举平定淮西之乱，这是他善于把握局势、捕捉战机、知

人善任的结果。因此，裴度对唐朝的危局起到了孤木独撑的作用。论功劳，当为第一；论人品，他功高而不自居，为人处世保持低调，也是世间少有。

一个人，千万不能在取得一些成就之后就自矜功伐，变得飘飘然起来。这样做的结果不是让人反感，就是遭人忌恨，至少显得浅薄可笑。

因此观察一个人，不光要看他能不能取得成绩，还要看他在成绩面前的表现，是居功自傲，还是有功不居。

故曰：凡事不度，必有其故。忧患之色，乏而且荒；疾疢之色，乱而垢杂；喜色，愉然以怿；愠色，厉然以扬；妒惑之色，冒昧无常；及其动作，盖并言辞。

是故，其言甚怿，而精色不从者，中有违也；其言有违，而精色可信者，辞不敏也；言未发而怒色先见者，意愤溢也；言将发而怒气送之者，强所不然也。凡此之类，征见于外，不可奄违，虽欲违之，精色不从。感愕以明，虽变可知。是故，观其感变，而常度之情可知。

- 凡是不合常理的事情，必定有其缘故。
- 功高不居，不仅是美德，更是保身的必要手段。
- 从喜怒言笑中可观察一个人的情态。
- 真实的心理无法掩藏。
- 缺乏济世安民理想的人，难成大业。

原文

故曰：凡事不度，必有其故。忧患之色，乏而且荒；疾疢之色，乱而垢杂；喜色，愉然以怿；愠色，厉然以扬；妒惑之色，冒昧无常；及其动作，盖并言辞。

译文

所以说，凡是不合常理的事情，必定有其自身的缘故。如果一个人内心忧虑，那么他的外表就会疲惫发暗；如果生了病，他的外表就会显得黯淡无光；欢喜的表情，显示出人们内心的愉快欢悦；发怒，则面色严厉且脸上有怒意显现；妒忌和疑惑的时候，表情往往会变得唐突冒昧，失去往日的常态；这些都与相关的动作、言语一起出现。

事典

李药师见微知著

大将侯君集一直受到唐太宗的宠信。他作战英勇，曾经立下不少战功。但是，他的职位却低于房玄龄、李靖等人，因此，他常常感到愤愤不平。

唐太宗对他说："你上阵杀敌，的确非常勇猛，但为将者，要熟习兵法。在这方面，你还有所欠缺。"

这正和侯君集的想法一致，他当即对太宗说："陛下，臣听说李靖精通兵法。臣想请陛下说情，请李靖教臣兵法。"

于是太宗就命李靖教侯君集兵法。李靖精通兵法，也写过兵书，是唐代大将中最有谋略的一位。过了一段时间，侯君集对太宗说："臣以为李靖将要造反。"

太宗吃了一惊，道："何以见得？"

“李靖教臣兵法，只拣一般的来教，而精髓部分都藏起来不教。精通兵法又不肯外传，我猜他一定是有反心。”

后来太宗见到李靖，就拿侯君集的话来问李靖。李靖笑了：“陛下，要反的不是臣李靖，正是侯君集。”

“为什么这么说？”

“陛下你想，现在天下已经安定，只是四方疆域偶然有些战事。”李靖说，“臣所教他的兵法，用于抵御四方的外患已是绰绰有余，他还不满足，还要求学到更加精深的，这不是要造反是要做什么？”

江夏王李道宗也对太宗说：“侯君集这个人，志向远大，却缺少智慧。他自以为立下了很大的功劳，虽然当了吏部尚书，却从不满足。依臣来看，他将来必定作乱。”

太宗却不以为然：“侯君集有才能，我也不是不肯提升他，只是他的功劳还没有到。对人不可凭空猜测，这样会出问题的。”

后来，侯君集果然勾结太子，图谋作乱，最终被太宗处死。

人 物

侯君集在少年时代就以勇武著称。李世民起兵后，他追随李世民东征西讨，立下很大的功劳。在玄武门之变中，他坚定地站在李世民一边，因此，他一直受到李世民的器重。后来他负责对吐蕃、高昌的征伐，平定了高昌。他在进入高昌时，私取宝物，被人揭发，虽然因功免罪，却没有得到奖赏，因此心怀不满。贞观十七年（643），有人告发太子李承乾策划政变，作为主谋的侯君集也因此被杀。

释 评

月晕而风，础润而雨。这句话的意思是说任何事情的发生都有先兆，问题的关键在于你能否看得出来。判断一个人也是这样。我们常常会为一个人做出了所谓的出人意表的事情而感到不解，其实如果你平时对他仔细观察，就不难发现其中的蛛丝马迹。

我们也常说知人论事。了解一个人，就能大致知道他会做什么，不会做什么。反过来，我们也可以说论事知人。也就是说，通过观察一个人平时做什么或不做什么，就可以把握他的为人，至少对他有个大致的了解。

就拿侯君集来说，他虽战功卓著，但野心不小，也很贪婪，因此他是不会甘居人下的。他虽然立下了很多战功，却更多的是凭勇力，而不是凭谋略，因为唐太宗曾让他多读兵法，这说明他没有多少谋略，想来也不会有太多的政治智慧和远见。这样的人，如果仕途顺利，还不会有什么举动；如果受到挫折，或引起他的不满（他又很容易心怀不满），就肯定要图谋不轨了。

李靖藏了一手，不肯教他高深的兵法，他就心怀不满，状告李靖有谋反的意图。李靖到底是李靖，以其人之道，还治其人之身，狠狠地反击了侯君集。两相比较，李靖的话更合乎逻辑：你说我不教你高深的兵法是想谋反，那么现在天下太平，不需要打仗，你非要学习高深的兵法，不正是有谋反意图的表现吗？

我们现在已经无从判断李靖的话只是一时的反唇相讥，还是真的意识到侯君集将来必反。但可以肯定的是，李道宗却是认真的，他是从侯君集的个性推断出来的。不幸的是，这件事真的被他们两个言中了，不知唐太宗当时做何感想！

原文

是故，其言甚怿，而精色不从者，中有违也；其言有违，而精色可

信者，辞不敏也；言未发而怒色先见者，意愤溢也；言将发而怒气送之者，强所不然也。凡此之类，征见于外，不可奄违，虽欲违之，精色不从。感愕以明，虽变可知。是故，观其感变，而常度之情可知。

译文

所以，如果一个人说话显得很愉快，但却没有相应的神色同时出现，那么他的话就是违心之语；如果一个人说话表达的意思不够清楚，却露出诚恳可信的神色，那么他只是不善于表达；如果一个人还没有开口讲话，却露出愤怒的神色，那么他的内心一定充满了怒火；如果一个人言语吞吐，但愤怒的神色却显而易见，那么他是在强作忍耐。以上这些不同种类的情况，说话人的真实心理已经显露出来，是无法掩饰的。即使想掩饰，别人从他的神情中也能看出来。如果我们能够明察一个人的内心感情，那么不管他的外表如何变化，我们都能清楚地了解他的真实心理。所以，观察人的情感和神色的变化，我们就可以了解他通常情况下的内心状况。

事典

魏先生识人论事

魏先生多才多艺，善于识人。隋朝末年，他看到天下将乱，就一再拒绝朝廷让他做官的要求，在家乡隐居起来。他每天除了读书，就是喝酒弹琴，算得上逍遥自在。当地人都知道他是位世外高人，都不称呼他的名字，而叫他魏先生。

不久，村子里来了个陌生人。这个人气度不凡，但神色沮丧。他说自己是为了躲避兵祸才来到这里的。他读过书，因此做了村里的教书先生。村子里有钱的人家都把孩子送到他那里读书。这个人很有学问，书教得也很认真。但他其他时间很少和人来往，教完书，就一个人躲在屋子里，显得很神秘。

一天，这位教书先生外出散步，路过魏先生的房子，听见他正在弹琴，就站在屋外听了起来。琴声突然断了，只听里面有人说："老朽不知客来，失敬失敬。"

魏先生一身白衣，出现在门口。教书先生忙说："我只是偶然路过，听见先生的琴声清越，十分美妙，不想打扰了先生。"

于是魏先生请他进屋喝茶，两个人便交谈起来。

魏先生说："这里很偏僻，不知先生为什么来这里？"

"生逢乱世，只是想在这里混口饭吃罢了。"

"只怕先生想吃的不是这口饭这么简单！"

教书先生神情大变道："足下这话是什么意思？"

"我虽足不出户，消息倒也不算闭塞。听说前不久杨玄感起兵反隋，被打得大败，我想先生一定是杨玄感的余党吧？"

"这个玩笑开重了，我哪里会是叛党呢？"

"我不但猜出你是叛党，而且还知道你就是李密！"

教书先生霍然站起道："你是怎么知道的？"

"不要慌，"魏先生说，"老夫没有恶意。我看你神情沮丧、目光散乱、心神不定，且说话吞吞吐吐的，故有此猜想。神情沮丧是因为你刚刚被打败，目光散乱是因为无处投靠，说话吞吞吐吐是害怕别人知道你的底细。现在到处都在搜捕杨玄感的手下，因此我断定你是他的手下，跑到这里来藏身的。"

"那你又怎么知道我是李密？"

"因为我知道杨玄感身边有个为他出谋划策的人，叫李密。我看你不是普通人，又有学问，因此我想你一定就是李密。"

"哎呀，先生真是神人。"李密说，"既然先生知道了我的身份，我也就

不再隐瞒了。我就是李密。如今天下大乱，正是夺取天下的好机会，先生何不助我一臂之力，共成大事？”

魏先生摇头笑道：“依我看，你没有帝王的气概，也没有将帅的才智，只是一个草莽英雄罢了，何谈成大事？”

李密不服气，问道：“何以见得？”

“能够成就大事的人，心胸包罗天地，威严震慑古今，不注意生活中的琐碎事物，只知道推动时代发展和建立巩固政权。尧征求分管四方的诸侯四岳的意见，四岳推荐鲧去治水，而鲧治水九年没有成功，后被舜杀死在羽山，这些都是出于无私。汉朝任用了张良、萧何、韩信三杰，采纳他们的计策，将项羽围困消灭在垓下，也是出于无私。能够掌握命运、顺应时代潮流的人，才有帝王的气概。凡是作为将帅的人，帐幕前插着旗帜，率领军队维护社会安定，讨伐叛乱者。既然接受武器，掌握了兵权，就要担负起责任，爱护、休整军队，开荒种地养兵，根据敌人的动向调动、部署军队，这样才可以控制战争形势。就像虎啸风生、龙行云起一样，没有人能抵抗和夺取他的威风和气势。孔子说，我出战必胜。孟子说，谁是我的对手？这才是将帅之才呢！就是说忠诚而有才智，为公为国的人，才能成为将帅。而为私为己的人，只能称为叛贼或强盗。为个人利益的人，必然抢夺财物和美色，滥杀无辜。朱亥受人尊敬而被请到前席入座，樊哙因为勇猛而被请到堂上。主张早上知道了理，晚上死也无憾的公孙述终败于邑中。信奉宁教我负天下人，不教天下人负我的曹操，怎么能够兼并天下？是忘了人家千金之赠，想一饭之恩，才有感谢之人，无怀归之众。《鲁史》告诫说，要衡量自己的德行和能力，《连山》的文章提倡要等待时机。为别人谋划造反，而对自己又没有什么好处。上天和百姓都反对战乱，朝代的更换是有规律的。就像天降大雨清除妖邪之气，太阳出来融化坚冰一样。我曾经夜观天象，发现在汾晋一带，会有圣贤出现。如果你能去投靠效力，还可以求得富贵。”

李密听了，冷笑一声，说："隋炀帝杀死父亲而取得天下，我以德行做人们的表率，振臂一呼，百姓必然响应，带兵征伐，还有什么攻不下的城池？成功了可以得到江山，不成功也可以割据一方称王。"

两个人话不投机，最终不欢而散。不久，李密因为在墙上题诗被人发现，只好再次逃走。他先是在瓦岗寨占山为王，后来他想起魏先生的话，便归顺了唐朝。但他的野心驱使他再次发动叛乱，最终战败被杀。

人物

李密出身贵族，接替父亲的爵位，成为隋朝皇帝的侍从官。后来他预感到隋朝将会灭亡，就辞官不做，闭门读书。杨玄感起兵反隋时，李密是他的主谋。反隋失败后，李密逃亡，后来投奔瓦岗军，杀死原首领翟让及其亲信，取得了瓦岗军的领导大权。但此后瓦岗军在和洛阳隋军的战斗中屡屡失利，元气大伤。这时，王世充在洛阳又发动政变，挟制朝政，乘势袭击瓦岗军。李密大败，只得归降李渊。但后来李密不甘久居人下，又起兵叛唐，袭据桃林县，又南入熊耳山，最终为唐兵所杀。

释评

对李密的评价一向不一致。有人认为他是一代枭雄，有人则把他视作小人。实际情况是，李密可能有一定的才能，但问题在于他的野心过大，以至于有限的才能难以支撑过高的志向。

虽然现在无从知道那位魏先生的名字，但他无疑是位世外高人，他对李密的评价也很值得我们深思。在他看来，李密胸襟不够开阔，只有野心，而缺乏济世安民的理想，难以成就大的事业。因此他劝李密投奔明主，意思是说，他只能求得富贵，而不能得到天下。

李密显然没有接受他的忠告。他后来虽然投靠了李渊，但很快就因反叛遭到了杀身之祸。

魏先生对李密的评价基于两点，一是对他神情的细致观察，二是对他行为的缜密思考，得出了结论。这里面没有什么神秘色彩，因为一个人的内心活动总会通过面部的细微表情显现出来，正如一个人内在的秉性也会通过他的风度和气质表露出来一样。

何谓观其至质，以知其名？凡偏材之性，二至以上，则至质相发，而令名生矣。是故，骨直气清，则休名生焉。

气清力劲，则烈名生焉。

劲智精理，则能名生焉。

智直强悫，则任名生焉。

集于端质，则令德济焉；加之学，则文理灼焉。是故，观其所至之多少，而异名之所生可知也。

本卷精要

- 刚强果敢、气质清朗的人，更易取得美善的名声。
- 品格的影响比才能更深远。
- 以诚待人，终有回报。
- 骨骼清奇之人即使有天赋，也不能缺少后天的努力。

原文

何谓观其至质，以知其名？凡偏材之性，二至以上，则至质相发，而令名生矣。是故，骨直气清，则休名生焉。

译文

怎样观察一个人的根本品质，来判断是不是符合他的外在名声呢？凡是偏才的人，品性中一般包含着两种或两种以上的品质，这些品质相互激发，从而使他获得美好的名声。所以，刚强果敢、气质清朗的人，更易取得美善的名声。

事典

韦诜慧眼选佳婿

韦诜在润州做刺史时，由于出身有名的世家，很多达官贵人和名门望族都想和他结成亲家。但韦诜选女婿十分挑剔，挑来挑去，一直没有遇到让自己满意的。

“女儿都这么大了，你挑起来却没完！”妻子抱怨说。

韦诜笑了笑，说：“选女婿嘛，当然要挑最好的了。”

“前面的那些，我看都不错。门第又好，人也长得不错。真不知道你要选个什么样的。”

“这些人都是徒有其表。我一定要选一位人品出众的。”

除夕到了，韦诜忙完了一年的公事，也想轻松一下，就带着妻子和儿女登上城楼，悠闲地观赏风景。他酝酿着写一首诗，来庆贺除夕。他向远处望去，突然，看到有几个人在园子里埋着什么东西。奇怪！韦诜想，大过年的，为什么要在园子里埋东西呢？难道这里面有什么问题？他一挥手，叫来一个差人，问道：“那是谁的园子？”

差人想了想，回答说："大约是参军裴宽的住处。"

于是，韦诜带着手下人来到了裴宽的住处。裴宽见了刺史，连忙行礼。韦诜问："你在园子里做什么？"

"我在埋鹿肉。"裴宽回答。

"鹿肉？为什么要把鹿肉埋起来呢？"韦诜大惑不解。

"大人，我常常告诫自己，不能接受贿赂而坏了家风。"裴宽说，"正好今天有人来送礼，放下鹿肉就走了，我怎么也拦不住。如果我收下了这些鹿肉，就是欺骗了自己。于是我和仆人把鹿肉埋起来，以坚持自己的原则。没想到惊动了大人。"

韦诜听后对裴宽十分欣赏，把他拉到自己身边，说："我有个女儿，样子还过得去。我想许配给你，不知你意下如何？"

"大人错爱，小人感激不尽。只是小人家贫，怕是——"

"你两袖清风，当然清贫。不过，据老夫看，你将来定会前程无限哪！"韦诜大笑，"就这么定了。"

韦诜回去后喜滋滋地对妻子说："夫人，我今天可是给你选了个好女婿啊。"

"是谁？"

"就是那个埋东西的人。"

"我要见见他。"

第二天一大早，韦诜就派人把裴宽请了来。他妻子带着全家人躲在门帘后面，想看看这位韦诜精心挑选的女婿到底长什么样子。不一会儿，裴宽来了。他穿着一件八品以下的官服，个子高高瘦瘦的，全家人见了，一齐大笑道："长得像只鹳！"韦诜的妻子气得哭了起来。

送走了裴宽，韦诜来到后堂，妻子见了他，就数落个没完："这个人官又小，家又穷，长得也不好看，你到底是怎么想的？心里还有女儿吗？"

韦诜正色道："疼爱女儿，就要为她选个德才兼备的人做丈夫，这个人将来一定会有大出息，会是女儿一辈子的依靠。难道我们要为她找个漂亮的蠢材做丈夫吗？”

韦诜很快就把女儿嫁给了裴宽。婚后女儿过得很幸福，其地位在亲戚中也没人比得上。到了开元天宝年间，论起名门望族，裴家被排在了首位。

人物

裴宽为官刚直清正，在当时颇有清名。他当刑部员外郎时，万骑将军马崇在光天化日之下杀了人，霍国公王毛仲却包庇马崇，只有裴宽不畏权势，坚决依法从事，使朝野大为叹服。

开元间，裴宽先后任户部侍郎、蒲州刺史、河南尹。他公正廉明、体恤民情、政绩卓著。为此唐玄宗赐其紫金鱼袋，并亲笔写下“德比岱云布，心如晋水清”的诗句褒奖他。

裴宽兄弟八人，都做到刺史一级的大官。八兄弟友爱和睦，在洛阳盖了宅院，八家相对。谁家要请别的弟兄们聚餐时，就击鼓相邀，一时传为佳话。裴宽深得百姓们的爱戴和怀念，许多年后，谈起玄宗朝的旧事，人们仍然认为裴宽是那个时候最好的官员之一。

释评

裴宽长相并不是很好，家里又穷，从这些条件看，他不符合好女婿的标准。谁知出身名门而又官高爵显的韦刺史却偏偏看上了他，要招他为婿。原因很简单，他是看重裴宽的内在品格。做官清正不难，偶尔收下别人的礼物也只是小毛病，但能够做到像裴宽那样果断，把别人送的鹿肉埋在园子里以警示自己，保证自己的高洁的，实在不多。虽然他的做法有些不近人情，但正好说明了他的卓尔不群。在儒家文化占据绝对统治地位的古代，官员有清正高洁的名声，再加上一定的才能，是不会久居人下的。韦刺史正是看清了这一点，才肯主动提出把女儿的终身托付给他。

事实最终证明了韦刺史的眼光。他的成功择婿也给了我们一些启示：看人要把眼光放得长远些，更要从人的品格着眼。有的人不乏才能，也出身高贵，但由于品格的关系，往往弄得身败名裂，这样的例子，我们身边就有很多。

原文

气清力劲，则烈名生焉。

译文

气质清朗、体力强劲的人，就会博取强健的名声。

事典

尉迟恭忠勇救主

尉迟恭最早是刘武周的部将，后来和其他人一道，归降了李世民。但没过多久，就在秦王李世民征讨王世充时，刘武周的降将们又都纷纷反叛。李世民手下的将领担心尉迟恭也会图谋不轨，就把他关了起来。大家劝李世民："这个人本来就是归顺过来的，现在又把他关了起来，他一定心怀不满，即使当时没有反心，现在也一定会反了。不如趁早杀了他，以除后患。"

李世民却不以为然，他命手下将尉迟恭放了，把他带到自己的住处，并赏赐给他金银，对他说："我和你意气相投，不要把这点小事放在心上。有人劝我杀了你，我不想这样做，你要离开，我不拦你，共事一场，这点钱就算是路费吧。"

尉迟恭却说："赏赐我不要，我只想跟着王爷一同打天下！"

"好啊！"李世民非常高兴，"这段时间我闲得发慌，走，我们一同打猎去！”

于是李世民轻装简从，和尉迟恭去打猎，不承想竟遇到王世充的几万人马来进攻。王世充的大将单雄信飞马向李世民袭来，尉迟恭大喝一声，从斜刺里杀出，一枪把单雄信刺下马来。敌军见他威风凛凛，像天神一样，都惊呆了，纷纷向后退去。

“挡我者死！”尉迟恭大声叫着，挥舞着兵器保护李世民杀出一条血路，突出了重围。回到营中，他又召集人马去和王世充交战，李世民劝道：“敌人太多，将军不可出战！”

“王爷，末将正杀得兴起，你只管观战，我去去就来。”他带人冲入敌阵，所到之处，敌将纷纷落马。只战了几个回合，敌兵便狼狈逃窜。尉迟恭穷追不舍，抓起敌将陈智略，扔在马下，又抓获了六千敌兵。

“之前大家都还在说你一定会反，只有我不信，上天有眼，这么快就让我得到了报答！”李世民笑着说，并赏赐了尉迟恭很多金银。

从此，李世民对尉迟恭非常器重，带着他东征西战，尉迟恭也由此立下了很多战功。

人物

尉迟恭是唐朝著名武将。贞观年间，唐太宗李世民命画师把二十四位功臣的画像供奉在凌烟阁，尉迟恭排在了第七位。

尉迟恭年轻时以打铁为生，后来跟随隋炀帝伐高丽，官至朝散大夫。马邑鹰扬府校尉刘武周起兵反隋，他投奔了刘武周，当了一名偏将，后来又归顺了唐王。归唐后，尉迟恭忠心耿耿，南征北战，随李世民大破王世充，消灭窦建德和刘黑闼，破徐圆朗，为唐朝的统一立下了汗马功劳。

在玄武门之变中，尉迟恭也起到了关键作用。他与侯君集等人多次劝说李世民早做决断，消灭李建成、李元吉。当时，房玄龄、杜如晦等大臣对双方斗争持观望态度，李世民派人召请他们，遭到谢绝。李世民很生气，解下佩刀给尉迟恭，再去召请。尉迟恭以武力威逼房玄龄等人归附李世民，共行大计。

贞观初年，北方的突厥日益强盛，侵扰中原，尉迟恭奉命击败突厥。他把获得的珍宝财物，全都送给士卒，因此全军士气大振，攻无不克。

释 评

人们都说李世民善于采纳别人的意见，其实也不尽然。正确的说法是，他只是善于采纳别人正确的意见，而并不是一个好好先生，别人说什么，他就听什么，不管对错，一律照办。

比如，大家都自作聪明地得出尉迟恭一定会反叛的结论，要秦王李世民及早杀了他，以绝后患。但李世民没有听，反而大度地拿出大笔金银给他作为路费，由他自己决定去留。

大度如此，还有什么明主能比得上眼前这位？于是尉迟恭打定主意，要跟定秦王。

果然，他的勇武和忠诚多次使身陷险境的李世民化险为夷，自己也成为凌烟阁二十四功臣之一。比起他当年的同伴和兄弟如李密、单雄信、王伯当，这个结果算得上是羡煞旁人了。

现在看来，当年说尉迟恭将会反叛的人也未必真错，但李世民不砍他的头无疑是英明之举。李世民并不是不相信他会反叛，而是看他体格健壮、英勇威武，是可用之才，当然也看出他是一条有血性的汉子。这样的人不必杀他的头，只要以诚相待，就可以消除他的反意，使他为自己所用。李世民就是这样做的，并得到了丰厚的回报。这首先要归功于他的眼力，其次要归功于他的心胸。这一点，是李密之流难以做到的。

原文

劲智精理，则能名生焉。

译文

智力出众、精通事理的人，就会获得干练的名声。

事典

霍光辅政扶大汉

霍　光

武帝时期重要的谋臣，霍去病同父异母弟。辅佐汉室三朝皇帝，摄政近二十年。

镜　鉴

行为谨慎、持重有谋的人才堪当大任。

霍光在汉武帝时担任奉车都尉、光禄大夫，汉武帝每次出行，他都陪伴其左右。他性格稳重、办事干练，二十多年的时间里，没有出过一次错，很受武帝的信任。

后来武帝得了重病，想把皇位传给自己和赵婕妤生的儿子刘弗陵。对于辅政之人，汉武帝考虑再三，最后认定满朝大臣中只有霍光才能担当如此重任。于是，他让画工画了一幅画赐给霍光，画上是周公背着年幼的周成王会见诸侯的场面。武帝病危时，霍光流着眼泪问武帝："陛下如果有什么三长两短，谁来继承您的千秋大业呢？"

"你不明白画的意思吗？朕要立小儿子为皇帝，你来履行周公的责任。"

霍光推辞再三未果，最后只好承担了下来。武帝死后，太子刘弗陵继承了皇位，为汉昭帝。霍光被任命为大司马大将军，总揽朝政，大权在握。他处理起事情来井然有序，上上下下都很服气。

一天，宫中出现了怪异现象，大臣们都很害怕。霍光担心有变，就召见保管皇帝印玺的尚符玺郎，说："现在大臣们都惊慌失措，为了万无一失，把陛下的印玺暂时交给我管理吧。"

"这不符合朝制，万万不能从命！"尚符玺郎拒绝说。

霍光大怒道："我的话你竟然不听？"

"你可以杀我，但休想拿到皇帝的印玺！"

霍光想了想，说："你是对的。"

第二天上朝，他奏明皇上，赐予这个郎官二等爵禄。大家都称赞霍光大公无私。

昭帝死后，朝臣们拥立昌邑王刘贺做了皇帝，但刘贺当皇帝后，荒淫无道，霍光感到很忧虑。他和大臣们暗中商议，决定废黜刘贺，另立新帝。他奏明太后，废黜了刘贺，让昌邑王刘贺重新回到自己的封地。霍光亲自把昌邑王送到他在京城的府邸，对他说："您的所作所为不配做天子，作为臣子，我们不能以死谢罪，深感惶恐。但臣下宁可辜负您，也不敢辜负宗庙社稷。"说完，他流着眼泪离开了。

霍光面目俊朗，很有重臣风度。他处事沉稳安静、细密周到，就连小事也不放过。他每次出入皇宫，下殿出门，站立行走，都有固定的地方。有位侍从观察了他很久，发现他每次都站在同一个地方，竟然分毫不差。霍光执政近二十年，从不敢懈怠。他多次平定王室与重臣对朝廷的反叛，并采取了一系列政策，发展生产，恢复同匈奴的关系，使百姓休养生息。满朝文武都对他十分敬重，这对汉朝的稳定起到了重要作用。

人物

霍光是西汉名将霍去病同父异母的弟弟。霍去病在一次出征时，遇到了霍光，把他带回长安，让他跟随自己。霍去病死后，霍光在汉武帝身边做官，长达二十多年，积累了丰富的政治经验，性格也变得沉稳谨慎。武帝死后，他受命为辅政大臣，执掌朝中大权近二十年，对当时的政治稳定和经济发展起到了重要作用。

释评

辅政大臣非常难做，不是生前遭到杀身之祸，就是死后受到非议。但霍光在众多的辅政大臣中算得上是比较幸运的一位。他生前备受殊荣，就连皇帝也对他十分敬重，死后的名声也不坏。虽然后来他的家人因为犯罪而被灭族，但毕竟是他死后的事情，而且他的名望也没有因此受到影响。

大权在握是好事，但作为辅政大臣，却要代行或指导皇帝做事，稍不留意，就会被认为专权，甚至还会被认为要图谋篡位。但霍光做得很好，这一方面是因为他服侍武帝多年，养成了谨慎沉稳的性格；另一方面是因为他能力超凡，处理起朝政来颇为得体。即使是废黜荒淫无道的昌邑王，他也是首先和大臣们商议，取得大家的同意，又亲自向昌邑王赔罪，对他不失礼数，做到了有礼有节，又不失原则。无论如何，他是一位干练之才、一位能臣，即使是对他有微词的人大概也会同意这个评价。

原文

智直强悫，则任名生焉。

译文

聪慧直率、坚毅诚实的人，就会得到可以信赖的名声。

事典

房光庭率直可亲

这天晚上，尚书郎房光庭正在书房里读书，忽然听到一阵叩门声。很快，管家带着一个人来见他。

“薛昭兄，你怎么来了？”房光庭见到来人，吃了一惊。这个名叫薛昭的人是他的老朋友，前不久因为犯了罪，被判流放。

“唉，一言难尽。我因为犯了一点小错，竟然被流放。我这把年纪，只怕受不了这个苦。天下之大，竟然没有我的安身之地。因此特来投奔老兄，寻求个落脚的地方。”

房光庭看他面容憔悴、神情黯淡，不禁一阵叹息：“你只管安心在这里住下，一切由我承当。”

“世态炎凉，自从我出事以后，很多人都不再把我当朋友，见了我躲得远远的，只有你如此仗义，真让我不知说什么好。”

于是，薛昭就在房光庭家里住了下来。房光庭对老朋友非常照顾，一点也不怠慢。但世上没有不透风的墙，房光庭收留流放之徒的事情传了出去。一天，御史陆遗逸找到房光庭，对他说：“薛昭是朝廷的犯人，被判流放。他居然逃走了。听人说，他躲在大人的家中。如果确有此事，还望大人把他交还朝廷，这样大家都免了麻烦。”

房光庭感到事情麻烦了，但他认为，既然朋友投奔了自己，那无论如何也不能把人交出去，这样从道义上说不过去。况且，薛昭一旦被交出，就会罪加一等，会有更悲惨的命运等着他。想来想去，他就去求见当朝宰相。见了宰相，他开门见山，承认自己收留了薛昭。

“哎呀，你是郎官，怎么能收留一个逃犯呢？”宰相说。

“我和薛昭交情深厚，他现在走投无路，才来投奔我，我怎么能袖手旁观呢？”房光庭正色道，“这件事情还望大人成全。”

“从人情上讲你是对的。”宰相沉吟片刻说，“但这件事对你的前程可是大大的不妙。不如把人交出去，这样还可以弥补过失。”

“大人，”房光庭说，“薛昭所犯的过错并不严重。但这件事已经定案，我不好多说。只是要我交人，这是万万不能的。如果我出卖朋友，固然可以置身事外，但朋友间的道义何在？天下人又会怎么看我呢？”

宰相叹息说：“现在的人难得有你这样义气深重的。索性老夫成全你，放你个外任，这样御史也就奈何不了你了。”于是，宰相上奏朝廷，慈州刺史出现了空缺，望皇上准许房光庭出任慈州刺史。

皇帝准奏，房光庭即日上任慈州刺史，薛昭那件事也就不了了之了。

人物

房光庭，唐朝大臣。

释评

不同的品格会为人博得不同的名声。房光庭的朋友犯了事，被判流放，来投奔房光庭，房光庭不但收留了他，甚至在被别人举报后也不交人，而是想办法加以保全。

古人讲究对皇帝要忠，对长辈要孝，对朋友要义。房光庭对朋友称得上义。当然义有大义，也有小义，以今天的眼光看，我们固然不能称颂他的做法是大义，但也不能说他的做法违背了大义。因为他说得很清楚，朋友犯的不过是小的过失，既然人家信任你，你就要尽朋友间的情义。

当然，他也可以选择把朋友交出去，摆出一副铁面无私的样子。这样也许会获得美名，说不定还会因此立功，但这样的人别人只会敬而远之，不敢

亲近他，更不会和他成为朋友。

在原则和友情之间有时会出现矛盾。我们熟知那些大义灭亲的故事，其中的主人公当然令人敬佩。但我们也听说过一些出于情义而保全朋友的故事，那同样让人感动。在原则和友情之间需要找到一个平衡点，这个平衡点就是既不违背大的道义，也不会伤及私人情义。

房光庭做到了这一点。他没有向上司掩饰自己所做的一切，而是坦诚相告，希望能够得到理解。他的做法很聪明，也为他博得了重情义、可信赖的美名。

原文

集于端质，则令德济焉；加之学，则文理灼焉。是故，观其所至之多少，而异名之所生可知也。

译文

如果在这些品质上面，再加上端正的品质，此人的品格就完备了；再加上博学，此人的学问修养就出众了。所以说，通过观察一个人具有哪些品质，就可以了解他将会博得什么名声了。

事典

刘仁轨苦读建功

唐代的张冏藏善于看相，远近闻名。有一次，他从一户人家门前经过，看见一个七八岁的孩子在玩，就问孩子的父母："这是你们的孩子吗？我看这孩子骨骼奇异，将来必有大成。你们可要好好培养他，要他读书，他将来一定会成为国家栋梁的。"

“请问先生高姓大名？”小孩的父母又惊又喜，忙问。

“不必问，请记住我的话。”说完，他飘然而去。

很多年过去了。张冏藏因为得罪了权贵，被流放到剑南。路过岐州时，当地的刺史早就知道他的大名，便设宴款待他。酒酣耳热，大家的话题自然转到了看相上。刺史大人说：“久闻先生精通相术，与袁天罡不相伯仲。现在我的属下都在这里，请先生为他们看看，有没有日后会发迹的。”

于是张冏藏挨个看了一遍，说：“这些人中，没有能任到五品以上官职的。”

饭后，张冏藏出来，遇到了一个年轻的官员。张冏藏停住脚步，仔细观察，然后对刺史说：“遇见贵人了！”刺史忙问左右，这是什么人。左右回答，这是陈仓的县尉，叫刘仁轨。

张冏藏和这个小吏谈了一会儿，感叹说：“多年前，我遇到一个孩子，他的骨相和你一样，只是当时我没有问他的名字，不知道他现在怎么样了。”

“先生是在尉氏见到那个孩子的吧？”刘仁轨问。

“你怎么知道？”张冏藏大奇。

“那就是我呀。我的父母常提起这事。他们听了先生的话，省吃俭用，供我读书，我才有了今天。”说着，他向张冏藏深施一礼。

“不必客气。”张冏藏说，“你将来会有很好的前程。只是你离不开四品，但要是犯了大罪，就会升到三品以上。”周围人不解，张冏藏笑而不答。刘仁轨却说：“官大官小有什么关系？只要能为国家做些事情就行了。”

刘仁轨志向远大，又不忘刻苦读书，因此他的能力在不断提升，官也越当越大。他当上青州刺史后，正好赶上唐高宗征讨高丽。朝廷命令刘仁轨统领水军，监督海运，负责后勤保障。时值严冬，气候不适宜出海，但李义府急功近利，一再督促刘仁轨运送军队的给养。刘仁轨一再上表，申述这时出海会有危险，但李义府根本不听。在李义府的一再催促下，刘仁轨只得出海，结果遇上大风，船队都被海浪掀翻，部下死伤惨重。朝廷派监察御史袁异式审讯刘仁轨。李义府不但推卸责任，还落井下石，对唐高宗说："不杀死刘仁轨，无法平息民愤！"

幸好舍人源直心仗义执言："海风暴起，不是人力所能预测的。"

高宗认为有理，免了刘仁轨一死，只罢了他的官，让他以平民身份随军效力。此后不久，唐朝和日本进行了一场战争。当时朝廷命左卫中郎将王文度为熊津都督，安抚百济民众，不巧王文度渡海时死去。百济民众据城抗唐，日本亦趁乱发兵攻唐。百济的守将刘仁愿急急遣使向朝廷告急。唐高宗下诏让刘仁轨任检校带方州刺史，带领王文度的部众，从近道到新罗征兵，救援刘仁愿。

刘仁轨出师连连告捷，在一次海战中，烧毁日本四百多条战船，取得了空前的胜利。敌军被杀者数万，从此朝鲜半岛转危为安。

唐高宗对刘仁轨深为赞赏，刘仁轨从此在仕途上一帆风顺，最后在武则天朝当到了文昌左相、同凤阁鸾台三品。他死后，朝廷还罢朝三天，表示悼念。

人物

刘仁轨是唐朝著名军事将领和海军统帅。他出身平民之家，从小清贫度日，但酷爱读书。他每到一个地方，就坐下来，在地上练习写字。由于学习刻苦，他对经史非常熟悉，了如指掌。

有一次，一位官员向朝廷上奏章，对国事提出自己的看法。刘仁轨看了奏章的草稿，提笔改了几个字，便使奏章焕然一新。这位官员见到奏章后，惊异不已，立即将刘仁轨补了息州参军。不久，刘仁轨转任陈仓尉。当时陈仓折冲都尉鲁宁自恃官大，傲慢无礼。开始时刘仁轨对他进行了规劝，但鲁宁不但不听，反而变本加厉，刘仁轨遂将其投入狱中。鲁宁在狱中不思悔改，对刘仁轨横加谩骂。刘仁轨一怒之下将鲁宁乱杖打死。

这件事上报朝廷后，唐太宗李世民听了非常生气，质问道："是什么样的县尉，竟敢轻易打死我的折冲都尉！”于是刘仁轨被押到长安，由唐太宗当面审问。刘仁轨神色自若地说：“鲁宁当着陈仓百姓如此羞辱上司，我实在忍无可忍，这才杀死他。”魏征在一旁听了后对太宗说：“陛下知道隋朝灭亡的原因吗？”太宗问是什么原因，魏征说：“隋朝末年，百姓恃强而侵凌官吏，就如同鲁宁一样。”太宗听了，不再责怪刘仁轨，反而把他提升为栎阳县丞。

历史上，刘仁轨以儒将著称，当时只有裴行俭能够和他相比。

释评

张冏藏精通观人术。通过这个事例，我们看出他在相人方面的确不同凡响。仅仅通过对一个孩子的观察，他就看到了那个孩子的未来，断定他将来一定能够成为国家栋梁。

我们今天已经无法知道他是根据哪些因素得出这样的结论的，但有一点可以肯定，即使是少不更事的孩子身上，也已经集中了很多的品质，只不过这些品质还是潜在的，没有表露出来而已。而张冏藏的过人之处就是能够发现这些潜在的素质。

说到底，观人术无非是通过某些特殊的方式查看人的品行和才能，然后根据这些来判断一个人的发展前景。观察人的方式多种多样，但最终都会集中在被观察的人所表现出的品质上面。同样，有了好的先天品质，也仍然需要后天的努力——后者也许更为重要。所以张冏藏在惊叹那个叫刘仁轨的孩子大有前途的同时，还一再叮嘱他的父母要让他好好读书。如果我们从相反的方面来思考，事情可能更耐人寻味：假如张冏藏没有遇到那个叫刘仁轨的孩子，也没有嘱咐他的父母好好培养他，而孩子的父母又偏偏没有让他读书，那么唐代的历史上还会有那位叫刘仁轨的将军吗？

何谓观其所由，以辨依似？夫纯讦性违，不能公正。依讦似直，以讦讦善。

- 察奸辨佞，是为政用人之要务。
- 要防范那些借公正之名谋取私利的人。
- 害人者终害己。
- 观人之要在于不被表象迷惑，以其目的判其是非。

原文

何谓观其所由，以辨依似？夫纯讦性违，不能公正。依讦似直，以讦讦善。

译文

什么是观察一个人的行为动机，来认识和辨别他的行为是不是似是而非呢？只是一味地揭穿别人的隐私而不徇情，这不能算是公正。当面揭露别人的隐私，看上去是很正直的行为，实际上这是在攻击好人，斥责良善之辈。

事典

赵赞阴险充忠直

宋朝的赵赞为人阴险，又善于言辞，经常攻击别人的短处。他专门打探别人的隐私，然后向上司报告。上司也乐得把他视为心腹，好通过他来了解属下的情况，打击与自己不和的人。于是赵赞的官越做越大，就连宋太宗赵光义都非常信任他。他后来当了供奉官、阁门祗候，监督京西、陕西几个州的钱帛。他专门揪别人的错处，揭发检举了很多人，以此来扩大自己的政绩。

"现在盗贼太多，请让我带人去捕贼！"为了表明自己的忠诚，并借机表现自己的才干，他向上司请命。上司知道他这个人难缠，就答应了。在这次行动中他抓住了一个偷钱的士兵。这个士兵只偷了二百钱，是小罪，他却小题大做，要在大街上当众把士兵处斩。

消息传开后，大家都摇头叹气，说这位赵大人用法太过严苛，杀人如草芥。有人向当地知府张齐贤报告了这个消息。张齐贤做官能够体察民情，对人对事都很宽厚。他听说赵赞要杀偷钱的士兵后很生气："这个赵赞，真

是胡来。如果为这样的小事就大开杀戒，天下还不大乱？”于是他来到刑场，命人把犯罪的士兵带了回去。

赵赞心里很不满，就向上面告发张齐贤，说他包庇罪犯。

宋太宗一直都知道张齐贤为官清正，怎么也弄不明白他为什么会包庇罪犯，就命令御史台过问此事。张齐贤说明了事情经过，御史台认为赵赞有错，就停了他的官职，以示惩处。但几个月后，太宗又命赵赞挑选十几个官吏作为耳目，专门暗中监视中书、枢密及三司的情况，随时向皇帝汇报。皇帝对他十分信任，认为他正直忠诚，但朝廷内外的官员见了他就胆战心惊，担心他会捏造罪名陷害自己。

这一年上元节，京城里张灯结彩，大家都在欢度佳节。此时上清宫刚刚建好，太宗就去了那里。赵赞和郑昌嗣便召集他们的狐朋狗党，来到宫中的玉皇阁，在那里寻欢作乐。管事的太监阻止不了他们，只好事后向太宗皇帝做了禀报。太宗皇帝大为恼怒，就下令罢了两个人的官，不久又将他们赐死。直到这时，朝中的官员们才松了一口气。

人物

赵赞是北宋的佞臣。最初他只是军中的一名小吏，无权无势。但他生性阴险恶毒，好言利害。后来得到太宗的信任，历任供奉官、阁门祗候。太宗让他专门搜集三司的案卷，以监控大臣的言行。赵赞自行选拔十几个官吏充当自己的耳目，专门收集他人的错处，再伺机上告。当时朝中大臣都害怕他，担心他捏造罪名陷害自己。

释评

这里谈到的是另外一种人物类型，这类人为人严苛，专门揭露别人的隐私，对人毫不留情。人们一般会认为这种人公正无私，或公正得过了头。但这往往是假象，他们的公正是做给别人看的，在他们公正的面孔后面隐藏着的是一副歹毒的心肠。

赵赞之流就是这样。他们的出发点根本不是公正，而是个人的权力和野心。公正只是他们戴着的假面具而已。

那么该如何识别一个人是真正的铁面无私，还是只是装样子呢？那就要通过观察他的行为动机来加以辨别。真正铁面无私的人往往很少考虑自己，他们对人要求虽然苛刻了些，但基本上能够做到公正，在律己方面也同样严格。而那些打着公正旗号行事的人往往只是为了个人私欲，借着公正的名义谋取私利。如果我们仔细辨别，就会发现他们是在滥用权力，并不能做到真正的公正，而是踩着别人的肩膀向上爬，以满足自己的私欲。

纯宕似流，不能通道，依宕似通，行傲过节。故曰：直者亦讦，讦者亦讦，其讦则同，其所以为讦则异。通者亦宕，宕者亦宕，其宕则同，其所以为宕则异。

然则，何以别之？直而能温者，德也；直而好讦者，偏也；讦而不直者，依也；道而能节者，通也；通而时过者，偏也；宕而不节者，依也；偏之与依，志同质违，所谓似是而非也。是故，轻诺似烈而寡信，多易似能而无效，进锐似精而去速，诃者似察而事烦，诈施似惠而无成，面从似忠而退违，此似是而非者也。

亦有似非而是者：大权似奸而有功，大智似愚而内明，博爱似虚而实厚，正言似讦而情忠。夫察似明非，御情之反，有似理讼，其实难别也。非天下之至精，其孰能得其实？故听言信貌，或失其真；诡情御反，或失其贤；贤否之察，实在所依。是故，观其所依，而似类之质可知也。

- 一味揭人隐私而不徇私情的人，貌似公正，其实不尽然。
- 要注意那些似是而非的品格，它们是用人的陷阱。
- 识人需眼力，用人需胸怀。
- 恃才傲物并非人才的真本性，只是因其未被赏识。

原文

纯宕似流，不能通道，依宕似通，行傲过节。故曰：直者亦讦，讦者亦讦，其讦则同，其所以为讦则异。通者亦宕，宕者亦宕，其宕则同，其所以为宕则异。

译文

故意放纵自己，看上去很自由，但不是正道，如此故意放纵自己，看上去通达洒脱，但实际上是行为傲慢、缺少节制的表现。所以说，正直的人爱指出别人的缺点，喜欢揭发别人的人也爱指出别人的缺点，在指出别人缺点这一点上，二者是相同的，但出发点却不一样。通达的人放纵自己，放荡的人也放纵自己，在放纵这一点上，二者也是相同的，但出发点也不一样。

事典

祢衡裸衣骂曹操

祢衡一向恃才傲物、出言狂放，似乎不把天下人放在眼里，只是和孔融情投意合。他爱品评人物，把当时朝中做官的人都比作酒囊饭袋。

“天下人，能让我祢衡放在眼里的，只有两个人，一个是孔融，一个是杨修。”

他一心想建立一番功业，就写下自己的政治见解献给汉献帝，满心以为献帝看了会把他视为国士，采纳他的主张。但当时朝中大权被丞相曹操牢牢地控制着，他的抱负根本无法实现。

他的好友孔融也向献帝推荐祢衡，但曹操说：“这个人写诗作文还不错，但治理国家，不是只会作几篇文章的人能够胜任的。”

当孔融再一次向朝廷举荐祢衡时，曹操就说：“就让他当个鼓吏吧，也

只能这样了。”

曹操一向不喜欢祢衡的狂傲，有意给他难堪，好让他知难而退。但祢衡一向心高气傲，知道曹操是在羞辱他，便想用同样的方法羞辱曹操。

有一天，曹操大宴群臣，为了助兴，就召来鼓吏们击鼓。鼓吏们都穿着鼓衣依次站好，只有祢衡穿着一件旧衣服。庭上的人对他喝道：“快去后面换了鼓衣再上来！”

祢衡却当着文武大臣们的面，把身上的衣服一件件脱光，然后慢慢地换上了鼓衣。他拿起鼓槌，从容不迫地击起鼓来，鼓声越来越快，越来越激奋，他的一腔不平之气似乎都通过他的鼓声传递出来。

人们听了，都大惊失色。曹操却哈哈大笑，对周围的人说：“我想羞辱他，却被他羞辱了！”

事后孔融找到曹操，向他赔罪：“祢衡一时冲动，现在有些后悔了，要我代他向丞相赔罪。”

“我也有不是。好吧，我设宴来款待他一番就是了。”于是曹操设下盛宴，请来祢衡，没有想到祢衡却穿着布衣，手里拿着木棍，对着曹操就是一顿大骂，骂完后扬长而去。

“丞相，杀了他吧！”左右说。

“不行，他是天下有名的才子，我担不起杀害才子的罪名。”曹操想了想说，“这样吧，我推荐他到荆州的刘表那里去做官吧。”于是他修书一封，派人把祢衡送给了刘表。

刘表是文人出身，但他也受不了祢衡的傲慢狂放。于是刘表又把祢衡转荐给了江夏太守黄祖。黄祖本来是一介武夫，起初对祢衡十分尊重，但祢衡根本不把他放在眼里，稍不满意，就大加讥讽。黄祖终于被惹怒了，便找了个借口把祢衡杀了。

人物

祢衡是东汉末年的文学家，才华横溢，却恃才傲物，一言不合，就对人大加讥讽。他因为不满曹操大权独揽，阻碍自己实现政治抱负，就对曹操出语不敬。曹操不愿担杀害才子的罪名，把他荐给了刘表。刘表对他也日渐反感，又把他荐给了黄祖。这有明显的借刀杀人之意。在黄祖那里，祢衡不改故态，最终被黄祖杀死，年仅二十六岁。

祢衡原有著作两卷，但现在都已失传，只剩下四篇文章传世。其中《鹦鹉赋》最为有名，文中借鹦鹉来感叹自己的身世，据说就是因为这篇文章他才被黄祖杀害的。

释评

看了祢衡的故事，我们既同情他，又为他感到不值。他的惨死无疑是个悲剧，但这个悲剧在很大程度上是他自己造成的。

从大的道理上讲，他没有错。曹操名为汉相，实际上把持朝政。这一点，不仅祢衡不满，当时的很多人都不满。但这只是问题的一个方面。另一方面，曹操还没有篡夺也不想马上篡夺帝位，也为国家做了一些事情。在这种情势下，你大可采取一些明智的做法，巧与周旋，暗中抵制，这样于国于己都有好处，没有必要硬用脑袋往人家的刀口上撞。这样做的结果，除了搭上自己的性命，换不来任何好处。

但祢衡的问题还不完全在此。他看不惯曹操是真，但主要是个人的怀才不遇，进而导致他的恃才傲物。即使曹操没有野心，他也会照骂不误。刘表、黄祖只是割据一方，他们对汉朝没有真正的威胁，甚至与曹操分庭抗礼都做不到，但祢衡照样不买他们的账，这就说明他自身也存在问题。

所以，祢衡并不是真正关心汉室的存亡，他更在意的是自己。这种性格的人，写诗文应该是很好的，因为他独特的个性会使他的诗文与众不同，但如果从政，即使到了最能容人的刘备那里，也不见得会有好结局。

祢衡的放纵是个性决定的。他骨子里满是傲慢，目空一切；长于写作，却不甘心只做一介文人；不擅政治，又偏要往政治的火坑里面跳。因此，他的悲剧下场也是必然的。

原文

然则，何以别之？直而能温者，德也；直而好讦者，偏也；讦而不直者，依也；道而能节者，通也；通而时过者，偏也；宕而不节者，依也；偏之与依，志同质违，所谓似是而非也。是故，轻诺似烈而寡信，多易似能而无效，进锐似精而去速，诃者似察而事烦，诈施似惠而无成，面从似忠而退违，此似是而非者也。

译文

那么，怎样才能区别它们之间的不同呢？品格正直而又温和，是有德行的表现；品格正直而好攻击别人，是有错误的倾向；攻击别人而自己品格却不正直，是表里不一；克制自己的情绪而又行为节制，是品格通达；通达得过分了，就产生错误的倾向；放纵自己而不节制，就是表里不一。错误的倾向和表里不一，表面看上去相同，性质却不一样，这就是常说的似是而非。所以，有的人轻易答应别人的请求，看上去豪爽，其实并不能遵守信义；有的人行事经常变化，看上去似乎很能干，但往往没有成效；有的人锐意进取，看上去精进，但不能持久；有的人爱诘问，看上去像是能够明察，实际上只会添乱；有的人假装施舍，看似是恩惠，实际上却说了不算；有的人表面顺从，看似忠厚，其实是阳奉阴违。这些都是似是而非的表现。

事典

似是而非的贤士

樊英很小的时候就大有名气，四海之内都知道他的名字。后来他到壶山隐居，州里、郡里几次请他出来做官，他都拒绝了。公卿大臣又推举他为贤良、方正、有道，他也不去应召。他拒不出山，但名气因此越来越大，甚至连皇帝都惊动了。皇帝发下诏书，召他到京城来，他也不答应。皇帝再次征召，他推说有病，不能前往。皇帝也来了劲，就叫郡县一定要把这位樊先生请到京城。郡县的官员不敢怠慢，于是备下车马，强行把他带到了京城。

到了京城后，樊英仍然推说自己有病，不肯去见皇帝。皇帝下令用轿子把他抬到金殿上，他仍然不答应做官。

皇帝只好说："那爱卿就在京城养病吧，让太医为你好好诊治一番。"樊英就在京城住下了，皇帝每月派人给他送去肥羊和美酒。

过了一段时间，皇帝为樊英造坛设席，以对待老师的礼节向他询问朝政的得失。樊英说不出真正有见解的意见，但皇帝还是任命他为五官中郎将。几个月后樊英说自己病情加重了，皇帝便下诏，要他以光禄大夫的身份养病。

直到最后，樊英都没有对朝政提出真正有价值的见解，人们都非常失望，认为他是徒有虚名。

东汉黄允很有才华。当时的名士郭泰善于品评人物，他见了黄允后说："你才华超群，完全可以成大器。过了四十岁以后，你的名声会越来越大，但这个时候，你更要好好地把握自己，不要铸成大错！"

这一年，朝中的司徒袁隗要为侄女结一门亲事，他见黄允风度翩翩，谈吐优雅，就叹了口气说："要是能得到这样一位女婿，我就知足了。"

黄允回到家中，决意把妻子赶回娘家："我要休了你，以后我们就一刀两断，恩断义绝。"黄允的妻子夏侯氏，一向很贤惠，她不知道出了什么事，以致丈夫反目。等听到黄允要和袁司徒结亲的消息后，她就把亲戚朋友都召了来，说是要和大家告别。等大家到齐后，她当着众人的面揭发了黄允的十五件丑事。大家听了，都摇头而去。从此，黄允名声扫地，再也抬不起头来。

王黼风姿俊美，双目炯炯有神，能言善辩。大臣何执中很赏识他，提升了他的官职。后来宰相张商英在宋徽宗那里失了宠，徽宗还派人到杭州，赏赐玉环给已被罢相的蔡京。王黼探知到这件事情后，就向朝中上疏，攻击张商英失职，并列举出蔡京的政绩，提出让蔡京重新出山。很快，蔡京重新做了宰相，为了报答王黼，把他提拔为御史中丞。

为了让蔡京在朝中一个人说了算，王黼就诬陷对他有恩的何执中。幸好皇帝没有相信他的话，这件事情才作罢。蔡京退休后，王黼为了收买人心，一反蔡京所为，并把所有责任推到蔡京身上。于是人们都称赞他是贤相。

宋徽宗也十分器重他，把他住的阁楼题名为"得贤治定"，又九次为他题写亭、堂榜额。王黼表面上装出一副公忠体国的样子，暗地里却搜罗天下宝物，蓄养妓女。他引诱了朝中官员邓之纲的小妾，还通过诬陷把邓之纲贬到了岭南。朝中大臣凡是和他作对的，一律被贬官发配。

他向皇帝粉饰太平，方腊起兵后，他一直对皇帝隐瞒消息，直到起义军攻破了六个州，皇帝才知晓。徽宗派童贯率兵十万人前去征讨。平定方腊后，王黼仍然作为功臣被提升为少傅，很快又当上了少师。

人物

樊英是东汉人，因为多次拒绝官员和朝廷让他做官的要求而名声大噪。汉顺帝时，皇帝下令地方官把他强行请到京城，抬到金殿。但樊英并没有对朝政提出有建设性的意见，只是坚持要回去隐居。皇帝无奈，最后只好放他回家。

人称樊英通晓五经，但他只不过是一个迂腐的书呆子，于国事上缺少见识。据说他有一次生病，妻子派使女去问候他的病情，他竟然从床上下来答拜。他的学生感到奇怪，就问为什么这样做。樊英回答说，妻是齐的意思，妻子和丈夫一同供奉祭祀，根据礼数没有不答拜的。迂腐如此，在治理国家方面还能有什么建树？

黄允是东汉人，以隽才而知名。

王黼原名王甫，后来因为和一个宦官同名，皇帝便把他的“甫”改为“黼”。他为人多智善佞，擅长沽名钓誉。他对上能顺应其意，对下能收买人心。当时朝廷想采取联金攻辽的政策，王黼竭力怂恿，并借此机会大肆搜刮财物，买来五六座空城作为战利品，向朝廷谎报功劳，进封太傅、楚国公。钦宗即位后，抄没了他的家产，把他贬为崇信军节度副使。后来他被开封尹聂山派人杀死。

释评

花非花，雾非雾，具有似是而非品格的人比比皆是。有的大忠，却被视为奸雄；有的大奸，却被当成忠臣。历史总爱开大玩笑，等到尘埃落定，盖棺定论，我们才会发现，识人真的并不是那么容易。

樊英骨子里并不坏，他只是想隐居，当然也有博取名声的动机。但当皇帝要他为国家建言的时候，他却拿不出东西。也就是说，他的能力似是而非。黄允和王黼却是人品上的似是而非，他们一个是名士，表面上英俊潇洒，但一旦有机会攀上高枝，和司徒的侄女结亲，就马上回家甩掉自己的老婆；另一个是名臣，官一直当到宰相，虽然表面上做出忠君报国的样子，实际上却投机钻营，和蔡京、童贯之流并没有什么两样。

我们也不能责怪当时的人没有及时认清黄允和王黼。事实上，在我们身

边，总会有这样的人，只不过我们没有看透他们，甚至还把他们作为知交。这是因为，人们往往容易被假象蒙骗。因此，识破这些似是而非的现象是必要的。其实说到底，这并不难，只要学会透过现象看本质就行了。

原文

亦有似非而是者：大权似奸而有功，大智似愚而内明，博爱似虚而实厚，正言似讦而情忠。夫察似明非，御情之反，有似理讼，其实难别也。非天下之至精，其孰能得其实？故听言信貌，或失其真；诡情御反，或失其贤；贤否之察，实在所依。是故，观其所依，而似类之质可知也。

译文

也有似非而是的情况：有的人握有极大的权力，看上去像是奸臣，却能有功于天下；有的人表面上愚笨，其实心里聪明；有的人有博爱的心，看上去浮泛，其实淳厚；有的人出言正直，看上去像是爱指责别人，其实是一片忠诚。因此，观察是与非，弄清楚它们各种不同的表现，掌握真实和虚假的不同情况，就像断案一样难以区别。不是天底下最为聪明的人，谁能够掌握其中的真实情况呢？所以说，听信有的人的言辞，相信他的神情，有时反而会失去真相；对真相怀疑，而相信假象，有时会失去贤才；观察一个人是不是贤良，要有具体可信的依据。所以，观察别人这些具体可信的依据，就会清楚他是哪一类的人才了。

事典

张居正功高遭谗

张居正降生的时候，他的曾祖父做了一个梦。他梦见天上一轮皎洁的月亮落在他家的水瓮里，满院子都是皎洁的月光。这时，一只白龟从水中浮了起来。“这可是吉兆啊，这孩子将来一定会光宗耀祖的。”于是，张居正的曾祖父给他取了个乳名叫“白圭”。

张居正自小就聪明过人，是远近闻名的神童。后来他做了官，还有人叫他“张神童”。

张居正很小就考中了举人。湖广巡抚顾璘对别人说：“这个孩子是将相之才。”他还亲自解下自己的犀带送给张居正，用来勉励他。

张居正走上仕途的时候，正是明朝动荡不安之时。嘉靖皇帝在宫里面每天设坛修醮，陶醉在成仙得道的幻想中。朝政由严嵩父子把持，百官贪贿成风，百姓处在水深火热之中，倭寇又乘机作乱。大明江山表面繁华的背后危机四伏。

张居正多次上书皇帝，要求改革政治，重振朝纲，但都没有引起皇帝的重视。报国无路，张居正就称病回家。其实这只是他的策略，他不愿卷入朝廷的纷争中去。他回到家乡，一方面深思治国之策，一方面深入民间，体察国策存在的问题。他潜隐着，等待着施展自己政治才能的机会。

嘉靖帝死后，他的儿子裕王当了皇帝，也就是明穆宗。张居正果然被重新起用，当上了内阁大学士。但穆宗很快就去世了，他十岁的儿子即位，这就是明代在位时间最长的万历皇帝。张居正觉得机会来了，可以放手施展自己的政治抱负了，于是他一面认真教小皇帝治国之道，一面在朝廷实施起政治改革来。

然而，当时真正掌握实权的是内阁首辅高拱。为了扫清障碍，张居正

暗中结交在宫中掌握实权的太监冯保。冯保和高拱一直有私怨，于是便和张居正联起手来，设计排挤高拱，以“专政擅权”之罪把高拱赶回了老家。这样，张居正便坐上了首辅的位子。

张居正精通政治权术，他意识到，皇帝年幼，很容易被人左右，自己要想获得宫中的支持，太后是位关键人物。他千方百计地赢得太后的欢心，太后对这位博学干练的张大学士也很信任。于是，他既有太后和小皇帝的信任，又有内宫掌印太监冯保的响应，他的政治改革措施就可以顺利实行了。

他在农村推行了一条鞭法，改革赋税制度，阻止豪强兼并土地，使经济迅速地得到了好转。他重用名将戚继光等人，让他们加强海防，又治理、疏浚黄河和淮河，这些有利于国家和民生的做法收到了很好的成效，使垂危的大明王朝得以喘息。

张居正做事雷厉风行，对小皇帝要求非常严格，对朝臣更是说一不二。这种专权的作风招致了很多人的反感。而他的改革，在很大程度上也损害了权贵的利益。

执政十年后，张居正因为过于操劳而病死。让人万万想不到的是，就在他死后的第四天，就有人弹劾他的亲信。很快，矛头又指向了死去的张首辅。万历皇帝也感到自己一直生活在张居正的阴影中，因此，他下令抄了张居正的家。张居正的家里并不像人们想的那样富有，只查出了黄金万两，白银十几万两，弄得抄查的官员没法交代。由此可见，张居正为官还算清正廉明。

人物

张居正，字叔大，号太岳，明代杰出的政治家和改革家，万历时期的内阁首辅，辅佐万历皇帝朱翊钧开创了“万历新政”，史称“张居正变法”。

他于嘉靖二十六年（1547）考取进士，由编修官至侍讲学士领翰林院事。隆庆元年（1567）任吏部左侍郎兼东阁大学士，与高拱并为宰辅，为吏部尚书、建极殿大学士。万历初年，伙同宦官冯保合谋逐高拱，成为首辅，从此朝中一切军政大事均由张居正主持裁决。

在执政的十年间，他整饬吏治，整肃教育，革新税赋，梳理财政，使明朝从衰落走向复兴，万历年间成为明朝最富庶的时期。但无论当时还是后世，对他的评价都褒贬不一。

他死后不久，家产被尽抄，爵封被夺，甚至牵连到八旬老母和子孙。直到明熹宗即位，他才得到平反，恢复了名誉。

释评

想要成就旷世之功，就不能瞻前顾后，过于关注小节。张居正的幸运在于他在皇帝亲执政事之前有十年的时间得以发挥才干，他的不幸在于他没有遇到一位真正的明主。

今天，我们透过历史的烟云，从大局着眼，就会认同这一点：张居正不仅为大明王朝挽回了生机，也给当时的百姓带来了福祉。尽管他是一位十分复杂的人物，但他仍然是大明的功臣，是历史的功臣。

何谓观其爱敬，以知通塞？盖人道之极，莫过爱敬。是故，《孝经》以爱为至德，以敬为要道；《易》以感为德，以谦为道；《老子》以无为德，以虚为道；《礼》以敬为本；《乐》以爱为主。

然则，人情之质，有爱敬之诚，则与道德同体；动获人心，而道无不通也。然爱不可少于敬，少于敬，则廉节者归之，而众人不与。爱多于敬，则虽廉节者不悦，而爱接者死之。何则？敬之为道也，严而相离，其势难久；爱之为道也，情亲意厚，深而感物。是故，观其爱敬之诚，而通塞之理，可得而知也。

要

- 观察一个人爱敬的人和事，可以判断他的前程。
- 不要轻视一个人对待责任的态度，它是可否委以重任的重要参考。
- 有自知之明不易，有识人之明更难。
- 人格的魅力也是战斗力。

原文

何谓观其爱敬，以知通塞？盖人道之极，莫过爱敬。是故，《孝经》以爱为至德，以敬为要道；《易》以感为德，以谦为道；《老子》以无为德，以虚为道；《礼》以敬为本；《乐》以爱为主。

译文

什么是通过观察一个人对别人的爱敬，来断定他的为人处世之道是成功的还是失败的呢？人伦之道的极致，没有比爱敬更重要的了。所以，《孝经》把“爱”作为至高的道德，把“敬”作为道的准则；《易经》把“感”作为道，把“谦”作为道的准则；《老子》把“无”作为道，把“虚”作为道的准则；《礼》以“敬”为根本；《乐》以“爱”为主旨。

事典

黄香忠孝尽人伦

黄香九岁就死了母亲。他虽然年幼，又因为想念母亲而变得形容憔悴，但他坚持为母亲守孝，这一守就是三年。他十二岁那年，当地的太守刘护知道了他的事迹，十分喜爱他，就召见了他，为他题写了“门下孝子”四个字。黄香家里很穷，他一面照顾父亲，一面刻苦钻研学问。他博学而多才，连京城里的人都知道了他。因为他是江夏人，所以人们便称他为“天下无双江夏黄童”。

后来他担任了郎中的官职。汉章帝下诏，准许他到东观去翻阅皇家的藏书。有了这个优越的条件后，黄香更是废寝忘食，日夜苦读。有一次，皇帝把他召到殿下，对各位王侯说：“这位就是‘天下无双江夏黄童’！”大家都对他肃然起敬。

黄香做官也很用心。他当了尚书郎后，多次向皇帝奏明政事的得失，因此受到皇帝的奖赏。他勤于政事，经常工作到很晚。皇帝听说这一情况后，对他大加赞许。

章帝驾崩，和帝继位，他秉承章帝遗旨，升任黄香为左丞，两年后提升他为尚书令。当了尚书令后，黄香备受皇帝的恩宠，一应国家大事，和帝都要找他商议。他对朝政一点也不敢懈怠，把朝中的事情当成自己家里的事情。

当时，有人谋反，牵连了几千人。黄香经过了解，向皇帝上奏，结果救了很多人的命。后来他当了魏郡太守。他对家人说："古语说，商者不农，仕者不耕，我是食官禄的人，不应该和百姓争利。"于是，他就把收获的粮食全数分给了种田的人。

人物

黄香是东汉人，以孝闻名。他做官勤勉忠慎，敬君爱民，颇受好评。他的仕途很顺利，一直做到尚书令，后迁为魏郡太守。后来，黄香因事被免除官职，回家为民，不久就死了。

黄香的这种品行正符合封建社会的伦理道德标准。元代郭守正挑选历史上的二十四位孝子，辑成《二十四孝》一书，黄香名列其中。因此，自明清以来，黄香的品行一直被人们所推崇。

释评

黄香对父母孝，而且是大孝；对皇帝忠，而且是大忠；对百姓爱，而且是大爱。这样的人物，虽然有一定的历史局限，但仍然难得。

人类社会无论怎样发展，最核心的价值观念都不会变。仁孝忠诚，现如今仍然应该为我们所推崇。这也是我们评判一个人的重要标准。我们很难想象，一个对父母不孝，对朋友不义，对事业不忠，尤其是对百姓缺少关爱的人会是一个正直的人，更不要说会成为一名好官。

原文

然则，人情之质，有爱敬之诚，则与道德同体；动获人心，而道无不通也。然爱不可少于敬，少于敬，则廉节者归之，而众人不与。爱多于敬，则虽廉节者不悦，而爱接者死之。何则？敬之为道也，严而相离，其势难久；爱之为道也，情亲意厚，深而感物。是故，观其爱敬之诚，而通塞之理，可得而知也。

译文

既然这样，那么一个人的本质中如果有爱敬的诚意，他就能达到道德的最高境界；使人感动，获取他人的信任，他的为人处世之道就无所不通。但是，爱不能少于敬，如果少于敬，虽能够使节操清廉的人归附，但多数人却还是不愿接受他。如果爱多于敬，虽然节操清廉的人会不满意，但受到恩惠的人却乐于为他献身。这是为什么呢？这是因为“敬”作为一种道德规范，会使人与人之间的等级划分过于严格，从而使人感到疏远，这种情况不会持久；而“爱”作为一种道德规范，能使人感情变得深厚起来，深深地打动人心。所以说，考察一个人的爱和敬是不是真诚，看他的人际关系是否顺畅就可以清楚了。

事典

李勣爱敬兼顾

李勣原名徐世勣。他为人十分仗义，又能征善战，多次立下战功。唐高祖李渊赐他李姓，是表示对他的肯定和奖赏。后来李世民当了皇帝，“世”字犯了李世民的名讳，他就把这个字去掉，干脆就叫李勣。

李勣出身大户人家，家里有些钱粮。他从小就慷慨大度，乡亲们有了困难，他和父亲就全力周济。十七岁那年，他投奔了瓦岗寨，并对首领翟

让说："东郡是明公和我的乡里，很多人都认识，不应该侵扰他们。荥阳和梁郡，水陆交通便利，我们可以抢劫那里的商旅，这样足以支撑我们的经费。"

翟让觉得有道理，就采纳了他的建议。这样一来，瓦岗寨既得到了充足的费用，得以迅速发展，也收服了当地的人心。

后来李勣归顺了大唐，他的军事才能得到了充分的发挥。他不仅多谋善战，而且为人有情有义。每次打完仗，他都把得到的金银财宝分赐给将士们。他说，士兵们流血拼杀，真的不容易，为将者，应该多替他们着想。他和李密在瓦岗寨时交情就很好，李密归顺大唐后，他的地盘被李勣占据。魏征劝他投奔大唐，把地盘献给李渊。他说，这些地方原来是归魏王李密的，他要是直接献给唐朝，就是用旧主的东西来邀功。他派人把全境的户口兵马交给李密，由他献给唐高祖李渊。使者到了长安，李渊很奇怪，使者没有降表，只是把信件交给了李密。李渊知道了事情的经过后，就叹息说："李勣不背德，不邀功，是一位真正的臣子！"

于是他赐徐世勣李姓。后来李密谋反被杀，他的一些亲朋故旧怕受到牵连，都躲得远远的，只有李勣朝着北面跪在地上大声号哭，还上表给皇帝，请求安葬李密。他命令手下的士兵都穿孝服，并用君臣之礼把李密安葬。

李勣和单雄信曾是出生入死的兄弟，后来两人成为敌对的双方，但情义仍在。单雄信多次威胁到李世民，李世民恨透了他。在一次战斗中，单雄信被李世民抓住，李勣请求李世民，愿意用自己的官位和俸禄来交换单雄信的生命。他再三请求，李世民就是不答应。他流着眼泪回去，见到单雄信，对他说："我们曾发誓同生共死。我愿意和兄长一道去死，但我现在把自己交给了国家，不能两全。再说，我死了，兄长的妻子、儿子谁来照顾呢？"他割下腿上的一块肉，给单雄信吃下，让这块肉随着单雄信入土，以表示自己没有违背誓言。

他当了大官后，对年老的姐姐仍非常照顾。姐姐生了病，他亲自为姐姐煮粥。姐姐看见他银白色的长须，感叹地说：“李勣，你也老了，又担负着朝廷的重任，姐姐实在过意不去，这些小事就让下人做吧。”

“人生苦短，我们姐弟都老了，就是想为你煮粥，也恐怕时日不多了。”

高宗时，李勣卧病不起，皇帝召回他的所有子孙来照顾他。皇帝派人送来的药他都服下，而子孙给他准备的药他却不吃。他说：“我本来只是一个农民，遇到明君，才位列三公。现在我快八十岁了，人的生死都是命定的，岂是靠医生所能医治的？”

一天，他叫来弟弟，安排了后事，要他照顾好家人，对不肖子弟要严惩。过了不久，他就去世了。

人物

李勣是唐初名将，和李靖齐名。李勣最初参加了瓦岗军，对瓦岗寨的发展起到了重要作用。降唐后他屡次立下战功。贞观年间，他参与了平定东突厥、薛延陀、高句丽的战役。他具有杰出的军事才能，为人也十分忠诚友爱，很受唐太宗的器重。唐太宗晚年，为了让他忠于太子，故意把他贬职，并在临死前秘密要唐高宗就位后恢复他的职位。在唐高宗立武则天为后的问题上，他站在了武则天一边。但他死后，他的孙子徐敬业反对武则天称帝，起兵失败，被满门抄斩，他也落得了个剖棺戮尸的下场。直到中宗复唐，他才被平反。

释评

李勣为人称道的多是军事才能。的确，作为大唐的开国元勋，李勣在军事上的作为有目共睹。我们翻开唐代的历史，可以发现上面记载得很清楚，今天读起来也还让人心驰神往，恨不得挥戈上阵，和这位李将军一道驰骋沙场，建功立业。

但如果要对李勣做全方位评价的话，军功只是他丰功伟绩的一个方面。他能打胜仗，除了靠自身的勇武和谋略外，更主要的还是靠士兵的拼死厮杀。作为大将，你再勇敢，计谋再高，一旦打起仗来，士兵们掉头就跑，或胆怯投降，你还凭什么去取胜，凭什么建功立业？

因此，在勇武和谋略之外还要加上人格的魅力。所谓人格的魅力无非是你的忠义和对士兵的关爱。李勣在这方面做得同样出色。他打了胜仗，把得到的战利品全数分给士兵，表现出其对下级的关爱。他对待上级一直恪守下属的职责，对朋友和亲人更是如此。具备这些品德，他才得到了君王的赏识，得到了部下的敬畏和爱戴，他才能够百战不殆。

这和做人的道理是一样的。我们观察一个人，可以从这些方面看出他的前景。如果连这些都做不到，纵然再有才能，最终也将一事无成。

何谓观其情机，以辨恕惑？夫人之情有六机：杼其所欲则喜，不杼其所能则怨，以自伐历之则恶，以谦损下之则悦，犯其所乏则婟，以恶犯婟则妒，此人性之六机也。

夫人情莫不欲遂其志，故烈士乐奋力之功，善士乐督政之训，能士乐治乱之事，术士乐计策之谋，辩士乐陵讯之辞，贪者乐货财之积，幸者乐权势之尤。苟赞其志，则莫不欣然，是所谓杼其所欲则喜也。

若不杼其所能，则不获其志，不获其志则戚。是故，功力不建则烈士奋，德行不训则正人哀，政乱不治则能者叹，敌未能弭则术人思，货财不积则贪者忧，权势不尤则幸者悲，是所谓不杼其能则怨也。

- 自我炫耀之人，是难堪大任之人。
- 注意那些唯上的人，其实他们是最唯己的人。
- 表现才能是人的本性，有能力的人终究会显露才能。
- 发现并使用那些还未被发现的人才，会得到更大的回报。

原文

何谓观其情机，以辨恕惑？夫人之情有六机：杼其所欲则喜，不杼其所能则怨，以自伐历之则恶，以谦损下之则悦，犯其所乏则婟，以恶犯婟则妒，此人性之六机也。

译文

什么是通过观察一个人的情感表露，来辨别他是心胸开阔还是器量狭小呢？人的情感有六种表现：如果愿望得以实现，就会变得喜悦；如果能力得不到发挥，就会埋怨；如果爱炫耀自己，就会受到别人的嫌恶；如果处处谦让，就会受到别人的喜爱；如果爱揭露别人的缺点，就会让人不满；如果一方面爱自我炫耀，另一方面又爱揭别人的短，就会遭到别人的忌恨。这就是人性的六种表现。

事典

刘毅褊狭酿苦果

刘毅是东晋大臣，虽然很有才干，但为人傲慢，心胸褊狭。在还没有发迹的时候，有一次，他到司徒长史庾悦家中，借了东边的堂屋赌博。庾悦带了手下回来，要用这间堂屋。刘毅对庾悦说："我是一个不得志的人，难得借间房子和朋友玩玩。您用别的屋子吧，今天先让我们用。"庾悦没有答应。

还有一次，庾悦吃鹅，刘毅向他讨要剩下的鹅肉，又被拒绝。从此，刘毅恨透了庾悦。后来刘毅的官做大了，就免了庾悦的职务，还派人告诉庾悦缘由。庾悦又生气又害怕，不久就死了。

桓玄篡夺了晋朝的江山，刘毅和刘裕等人举起义旗，勤王除乱，立下了大功。虽然刘毅受到了封赏，但朝中的政事从此掌握在太尉刘裕的手中。

刘毅凡事都要听刘裕的，这让他心怀不满。他想自己志高才广，又为晋室立下了赫赫功劳，为什么要屈居于从来都不读书的刘裕之下呢？

刘裕是个非常精明的人，他看出了刘毅的心事，就处处忍让，不和他计较。这种做法不但没有使刘毅有所收敛，反而助长了他的狂傲。他常常在酒后拔出宝剑，向柱子击去，然后长叹一声："生不逢时啊！我只恨自己没有遇到刘邦、项羽，和他们争夺中原，一较高下！我才是真正的英雄，为什么偏偏要屈居于刘裕之下！"

他开始扩大自己的权力，逐步控制了长江下游一带的地方，又结交朝中的大臣。他为人风度很好，谈吐文雅，又大权在握，很多大臣都愿意和他来往。尽管刘裕对他很器重，但刘毅仍然无法接受刘裕在他之上的现实，总是想取而代之。

刘毅清楚交州和广州是战略要地，就向刘裕请求，要兼管这两个州的军事。刘裕答应了。他又为自己的亲信求情，要他们占据要津，刘裕居然也答应了。

一次，刘裕要到倪塘和刘毅会面，他手下一位叫胡藩的将军问刘裕："末将斗胆问一句，刘毅会永远做您的部下吗？"

刘裕沉吟了许久，才慢慢说："依你看，该怎么办？"

"刘毅自命不凡，又读了很多书，能够吟诗作赋，因此很多人都依附于他。末将担心他不会甘心居于您之下，不如趁这次机会杀了他，以免后患。"

"不行。我和刘毅都为晋朝立了大功，他的罪行还没有暴露出来，如果杀他，天下人会怎么看我？"

此时的刘毅却一意孤行。他在江陵撤换了很多官员，安插了自己的亲信，还未经朝廷允许，擅自抽调了一万多人跟随自己来到荆州。对于这些，刘裕假装不知，并不过问。后来刘毅生了重病，他的亲信担心他死了，没有人做首领，就劝刘毅上奏朝廷，让其在兖州做刺史的堂弟刘藩做他的助手，好统驭全局。刘裕这次又答应了。可是等刘藩到达京城后，刘裕便借用皇帝的名义下了诏书，公布刘毅的罪状，说他和刘藩等人一同谋反，并杀了刘藩等党羽。

刘毅这时才真正明白自己的处境。在慌乱中，他想跑到牛牧寺里躲藏。寺里的僧人不认识他，把他拒之门外，并对他说："昔日我们的师父因为收留了桓蔚，被刘毅杀死了。我们再也不敢收留任何人了。"

当沉重的庙门关上时，刘毅叹了口气，说："我这是自作自受，现在一切都完了。"然后上吊而亡。

人物

刘毅年轻时就野心勃勃，但气量狭小。桓玄篡夺帝位后，刘毅曾和刘裕等人密谋，举兵反桓，使晋朝得以延续。在征讨桓玄的战斗中，刘毅军纪严明，浴血奋战，立下了赫赫功劳。

平定桓氏之乱后，刘毅因为自己功劳在刘裕之下，深怀不满，于是暗中积蓄力量，准备夺取刘裕的权力。后来刘裕上奏皇帝，起兵讨伐刘毅。刘毅部队见刘裕亲率大军前来，遂变得毫无斗志，溃不成军。刘毅慌乱中率三百多人突围逃走，来到江陵以北二十里的牛牧寺。刘毅一行又困又累，想进寺投宿。寺中僧人并不认识他，拒绝收留他，因为之前他们寺的一位师父就因收留桓蔚而丢了性命。刘毅绝望之下自缢而亡。

释评

刘毅和刘裕共举大事，讨伐桓玄，可以算得上是患难之交。但事情往往就是这样，大家在一起历经苦难可以，却很少有人能共享富贵。其中一个重要的原因就是互相攀比——为什么你的官比我的大？为什么你得到的好处比我的多？

论军事才能，刘毅不如刘裕；论文才，却远远超过刘裕。读书多，风度好，受到士大夫的欢迎，这是刘毅的长处。但他的这些长处对从政来说只是

锦上添花。政治需要远见，需要隐忍，在这方面，刘裕有过人之处。桓玄早就看出刘裕不简单，想除掉他，但就是因为他能忍，对桓玄一再逢迎顺应，桓玄才放松了警惕，最后栽在了他的手里。

果然，刘裕做到了不动声色：你抓权，我让着你；你提拔亲信，我也不反对；你结交朝中大臣，我睁只眼闭只眼。看上去好像刘毅占尽了先机，其实他自己先暴露了出来，也授人以柄，在道义上首先失了分。一旦时机成熟，刘裕就后发制人。

原文

夫人情莫不欲遂其志，故烈士乐奋力之功，善士乐督政之训，能士乐治乱之事，术士乐计策之谋，辩士乐陵讯之辞，贪者乐货财之积，幸者乐权势之尤。苟赞其志，则莫不欣然，是所谓杼其所欲则喜也。

译文

按照人的性情，没有人不想实现自己的愿望。所以，性情刚烈的人喜欢发愤图强，建功立业；正直善良的人喜欢纠正不正之风；有能力的人喜欢治理动乱的局面；善于想办法的人喜欢出谋划策；长于辩论的人喜欢诘问说理；贪婪的人喜欢聚敛财物；受到宠信的人喜欢炫耀权势。假如别人帮助其达成愿望，没有人会不高兴，这就是所谓的愿望得到实现就会非常高兴。

事典

常遇春勇建奇功

常遇春从小在家种田，家里很穷，常常是吃了上顿没有下顿，但他的抱负不小。他在耕田之余，苦练武艺，练就了一身好功夫。他对人说：“大丈夫就要出将入相，这样一辈子才不白活。”

听到他说这话的人就笑着说：“你不过是个穷种地的，能成就什么大事呢？”

常遇春仰天大笑，说道：“给我十万人马，我就能够纵横天下！”

元代末年，人们不满朝廷的横征暴敛，各地纷纷起兵反元。常遇春先投在刘聚帐下，做了一名绿林好汉。后见刘聚等人实在没有出息，又听说朱元璋有帝王气象，就去投奔。走到半路，他正好遇上朱元璋带着水陆大军沿江而上，想去攻打应天。常遇春没有了盘缠，已经好几天没有吃饭了。他见了朱元璋便连声叫饿，朱元璋就叫人拿饭给他吃。

常遇春一连吃了几大碗饭，吃饱了，就把嘴一抹，对朱元璋说：“感谢你收留我，让我做大军的先锋吧。”

周围人都忍不住笑了起来。朱元璋见他两臂修长、目光炯炯、气宇轩昂，料定他是一位壮士，就故意说：“我手下猛将如云，你刚刚来，哪里轮得到你做先锋呢？”

“不做先锋也行，但你总得让我指挥一条船吧。”

“那好吧。”朱元璋就下令让他指挥一只舢板，“好好干，你要是立了功，我会让你做先锋的。”

大军到达采石矶，元军的将领蛮子海牙让士兵占领了江中心的大礁石，据险力守，朱元璋大军久攻不下，伤亡很重。常遇春看到这种情况，就对手下说：“快把船划到礁石边上！”

士兵们说："这又有什么用？礁石那么高，谁上得去呢？"

"少废话！你们把我送到礁石下面，一切就看我的了。"

小船划到了礁石下面，常遇春操起一根长矛，支在甲板上，双臂用力一撑，身体像燕子一样腾空而起，一跃跳上礁石。元军看见一个像天神一样的汉子冲了上来，都惊呆了。常遇春大喝一声，挥刀砍杀，礁石上的守军很快就被他杀光了。蛮子海牙见到礁石失守，就带着船队前来攻击。常遇春跳回小船，命士兵操桨，杀入敌人船队，元军立刻被冲为两段。

朱元璋站在战船上观战，见常遇春左冲右杀，连连赞道："真是一条好汉！"

朱元璋抓住战机，下令船队夹击，元军大乱，死伤无数，很快明军就攻占了采石矶，又势如破竹，夺取了太平。战后，朱元璋为常遇春记下了战功，果真提升他为总管府先锋。

常遇春从此跟随朱元璋一路攻战，每打下一座城池，他的官职就被提升一级。等大军打到常州时，他已经当上了中翼大元帅，在武将中的名次仅仅排在徐达和邵荣的后面。

人物

常遇春体貌奇伟、长臂善射、勇武过人，是明代著名的开国元勋。常遇春最初跟随刘聚起兵，但他发现刘聚没有志向，就改投了朱元璋。在朱元璋那里，他出生入死，屡立奇功——渡长江，取太平，破集庆。在攻打宁国的战斗中，常遇春中箭受伤，他拔出箭来，奋力死战，一连攻下了几座城池。朱元璋被陈友谅围困时，他带领明军力战解围，使战机得到扭转，最后全歼陈友谅军。在攻打张士诚的战斗中，他俘获张士诚二十五万大军。攻占了元上都后，在抓住元宗室的回程中，常遇春不幸病死，被追封为开平王。

释评

常遇春有大将之才，因此不甘心一辈子种田，也不愿窝窝囊囊地和人占山为王。他要做大事业，于是投奔了朱元璋。朱元璋的过人之处在于用人。不管是什么人，只要有才能，他就会重用。光看这一点，朱元璋就远胜于陈友谅和张士诚，这也是他能够得天下的一个原因。

这里说的是用人。从另一个角度看，有能力的人都想显露也最终能显露自己的才能。常遇春见到朱元璋，刚刚吃了顿饱饭就嚷着要当先锋。任命先锋关系到战事的全局，岂能儿戏？但他这样做是因为有底气，就像毛遂自荐时对平原君说，自己像锥子，只要放在口袋里面，就一定会露出尖来。

毛遂是才辩之士，他的一张嘴所向无敌，而常遇春则是靠手中的兵器来说话。他用自己的战功告诉朱元璋：我这个人可以用，而且足堪大用。喜得朱元璋忙不迭地提拔他。

原文

若不杼其所能，则不获其志，不获其志则戚。是故，功力不建则烈士奋，德行不训则正人哀，政乱不治则能者叹，敌未能弭则术人思，货财不积则贪者忧，权势不尤则幸者悲，是所谓不杼其能则怨也。

译文

如果他们的能力得不到发挥，那么就无法实现其愿望，愿望实现不了，就会感到难过。所以，不能建功立业，性情刚烈的人就会心怀愤恨；社会风气不正，正直的人就会悲哀；政事纷乱得不到治理，有才能的人就会发出感叹；敌对的力量不能消除，有智谋的人就会思虑不安；财富

不能聚积，贪心的人就会愁闷；权势不够大，受到宠信的人就会悲伤，这就是能力得不到发挥时人们会抱怨的缘故。

甘宁择主酬壮志

周瑜攻打在南郡守城的曹仁，一时没有攻下。他的部将甘宁向他提议，可以趁曹军不备，先攻取夷陵。周瑜觉得这个建议很好，但苦于手中的人马不多，因此有些犹豫。甘宁说："兵不在多而在精，将不在多而在勇。都督只要给我几百人，我就可以把夷陵攻下来。"

周瑜大喜，就命甘宁前去夺取夷陵。甘宁只带领几百士兵，乘着守军没有防备，出其不意地拿下了城池。曹仁见失了夷陵，非常愤怒，命令手下五六千士兵把夷陵团团围住，一定要夺回这个重地。甘宁加上新招募的士兵，手头一共还不到一千人。曹军攻势凶猛，一连几天，射来的箭像雨点一样落在城上。面对来势凶猛的曹军，士兵们都大惊失色，只有甘宁谈笑自若，指挥若定，终于没有让曹军夺回城池。

在和关羽作战时，关羽亲自率领五千精锐部队，准备在夜间过江。甘宁对鲁肃说："我手下有三百人，只要再给我五百人，我就可以保证关羽绝不敢过江。"鲁肃说："我给你一千士兵，一定要阻止关羽过江。"

甘宁连夜赶往江口，占据了重要关隘。关羽知道甘宁守候在那里，只好下令停止过江，就地安营。甘宁的勇猛和果敢让大家很是敬服。

甘宁原本不是孙权的手下。一开始，他看到天下大乱，就带着奴仆和宾客八百多人到荆州投奔了刘表，想做一番大事业。谁知刘表是个文人，既没有多大志向，又不懂打仗，只想固守荆州那块土地。甘宁意识到自己投错了人，知道刘表这个人难成大事，弄不好还会众叛亲离，于是萌生了改投别处的想法。后来他成为刘表的大将江夏太守黄祖的部下，但黄祖为人骄横，并没有认识到甘宁是个将才，对他很轻视。有一次，孙权和黄祖作战，黄祖大败，孙权的部将凌操穷追不舍，甘宁见情况危急，就在后面掩护大军撤退。他看见凌操挥刀杀来，张弓就是一箭，凌操应声落马，黄祖才死里逃生。甘宁立了大功，黄祖不但不感激，反而对他更加不信任，这让甘宁大为不满。他听人说东吴的孙权很会用人，就想到东吴去效力。

终于机会来了，他被推荐当了邾县的县长，于是便投奔了东吴。周瑜和吕蒙一同向孙权推荐甘宁，说此人是一员勇将。孙权非常高兴，对待甘宁就像对待自己的老部下一样。甘宁的才能终于得到了发挥，后来果然屡立奇功，成为三国时的名将。

人物

甘宁从小就豪侠仗义，他召集一群少年，自任首领。他们经常带着弓箭，四处游荡。他们在帽子上面插着鸟羽，身上佩着铃铛。人们一听铃响，就知道是甘宁这帮人到了。

后来甘宁觉得这样混下去没有前途，又见天下大乱，有机会成就一番大业，就去荆州投靠刘表。后来他又成为黄祖的手下，但一直没有得到重用，反而受到排挤。直到他来到东吴，被周瑜、吕蒙推荐给孙权，向孙权提出夺取天下的主张，才受到了孙权的器重。此后甘宁东征西战，屡次为东吴立下战功，成为孙权手下的重要将领。孙权这样赞美他："曹孟德有张辽，我有甘宁，可以说是旗鼓相当。"

甘宁勇猛剽悍，又不乏智谋。他爱惜士兵，重视人才，是三国时期的名将。

释评

庸才甘心于平庸，而真正有才能的人却不愿让自己的才能束之高阁。当

一个人的才能得到施展时，他会感到喜悦。反过来，当才能受到束缚、不能得到发挥时，他肯定会感到苦恼，甚至会愤愤不平。

甘宁就是这样，他生逢乱世，一心想做一番大事业。他先是投奔刘表，后来又成为黄祖的手下，但这两个人不能识才，也就谈不上用才了——黄祖甚至还有些忌才。翻遍《三国志·甘宁传》，也找不到他在刘表和黄祖手下做了什么大事，唯一的一次就是黄祖打了败仗，被人追得差点送了命，甘宁一箭救了他。而到了孙权手下，他就战功赫赫，说也说不完。同样一个人，同样的才能，前后的境遇竟如此不同，这也就是为什么人才得不到重用就会心怀不满的原因了。

对待人才就是这样，如果你不能用，是你的损失；如果你不能用而被对手所用，那你可就不光是损失，而是面临险境了。

人情莫不欲处前，故恶人之自伐。自伐，皆欲胜之类也。是故，自伐其善则莫不恶也，是所谓自伐历之则恶也。

人情皆欲求胜，故悦人之谦；谦所以下之，下有推与之意。是故，人无贤愚，接之以谦，则无不色怿，是所谓以谦下之则悦也。人情皆欲掩其所短，见其所长。是故，人驳其所短，似若物冒之，是所谓驳其所伐则婟也。

人情陵上者也。陵犯其所恶，虽见憎未害也；若以长驳短，是所谓以恶犯婟，则妒恶生矣。

凡此六机，其归皆欲处上。是以君子接物，犯而不校，不校则无不敬下，所以避其害也。小人则不然，既不见机，而欲人之顺己；以佯爱敬为见异，以偶邀会为轻；苟犯其机，则深以为怨。是故观其情机，而贤鄙之志可得而知也。

本卷精要

- 不要使用心胸狭隘的人，即使他有能力。
- 谦虚不仅使人进步，还有助于人际关系的融洽，更有助于保全自身。
- 智者处于优势地位时，会时时忍让他人。

原文

人情莫不欲处前，故恶人之自伐。自伐，皆欲胜之类也。是故，自伐其善则莫不恶也，是所谓自伐历之则恶也。

译文

人的本性决定人没有不想超过别人的，所以人们都讨厌别人自夸。自夸，就是想表明自己比别人强。所以说，自己夸耀自己长处的人没有不惹人讨厌的，这就是夸耀自己的长处被人讨厌的缘故。

事典

杨修逞才丢性命

杨　修

东汉才子，以举孝廉任郎中，后为曹操主簿。才思敏捷，恃才放旷，数犯曹操之忌，后又参与夺嫡之争，终被杀，年四十四。

镜　鉴

才高自恃，则上忌下怨。

杨修是位聪明绝顶的人，他的问题在于缺少心机，总是恃强逞能，锋芒太露。

杨修长大后，成了曹操的手下。曹操素来猜忌心很强，善于玩弄权术。他为了防备手下在夜间行刺，就故意说："我有时会在梦中杀人。我睡着时，你们千万别接近我！"

有一天晚上，他故意把被子踢到地上。一个侍卫怕曹操着凉，就把被子捡了起来，替他盖上。此时，曹操却跳了起来，拔出剑，把那个侍卫一剑刺死，然后又上床睡着了。第二天，他见到侍卫的尸体，假装不知道，忙问："是谁杀了我的侍卫？"

其他人都说："是大人杀的！"

曹操假装大惊："我说过我会在梦中杀人，现在果然出事了。"接着叫人把侍卫厚葬了。从此，侍卫们夜里都不敢靠前了。

对待这样一个人物，杨修本来就该收敛一些，以免引起曹操的妒忌。但他个性好强，偏偏要在曹操面前显露才能。曹操要在府中建造一座花园。花园落成后，曹操去花园观赏了一圈，临出园门时什么话也没有说，只是提起笔来，在园门上面写了个"活"字。工匠们丈二和尚摸不着头脑，却又不敢去问丞相。丞相一旦发怒，他们的身家性命都将不保，哪个敢大胆去问？商量来商量去，他们想到了杨修主簿。杨大人一向聪明，又在丞相身边，或许他能够了解丞相的想法。于是他们去见杨修，说明了来意。杨修听了，大笑说："这个容易，把花园的大门造得窄些就行了。"

"为什么？"工匠们问。

"你们真是太笨了。丞相在门上写了个'活'字，'门'中加'活'不就是个'阔'字吗？他是嫌门太宽了。"

工匠们恍然大悟。花园改建好园门后，曹操看了，非常高兴。

"这多亏了杨主簿！"工匠们说。

"此话怎讲？"曹操神色一变，问道。

工匠们把事情的经过说了一遍，曹操点点头说："果然聪明！"说完，便怏怏而去。

还有一次，有人送给曹操一盒点心，曹操尝了一口，觉得非常可口，就在点心盒上题写了"一合酥"三个字。曹操出去后，杨修对大家说："丞相让我们把点心吃掉。"

"不会吧？"大家将信将疑。

"只管吃，其他的事有我呢。"

曹操回来后发现盒子空了，手下人说是杨修叫大家吃的。曹操叫来杨修问道："你说说，这是怎么一回事？"

"丞相说的是。"

"是你要大家把点心吃了？"

"不，是丞相。我只不过是照丞相的意思办罢了。丞相在盒子上写了'一合酥'，拆开了看，就是一人一口酥，这分明是让大家分吃了嘛。丞相如此美意，我们怎么好不听呢？"杨修从容不迫地说。

曹操听了，心中十分不快，却装作一副毫不在乎的样子。他哈哈大笑，说："好，很好！这正是我的意思。"

最让曹操头疼的当然还不止这些。曹操当了魏王后，在册立太子的问题上一直举棋不定，不知是该立曹丕，还是该立曹植。曹植才华出众，诗文很好，而曹丕做事稳重，更能体会曹操的用心。这两个人身边都集中了一些人，杨修是坚定地站在曹植一边，为曹植出谋划策。一次，曹操为了考验两个儿子的能力，便要他们出城，自己却暗中告诉守城门的人不要放他们出去。曹丕被拦，只好怏怏回宫。而曹植受了杨修的指点，对守门人说："我奉魏王令，你要阻拦，我就杀死你。"守门人无奈，只好放他出去。

这件事情本来曹植占了上风，但当曹操知道是杨修出的主意后，他非常恼火。他认为杨修恃才傲物，不把自己放在眼里，反而去投靠了自己的儿子。他心里想着要除掉杨修，却苦于没有机会。

在平定汉中的战役中，曹操接连吃了几次败仗。他想进兵，但担心马超坚守，无法取胜；想要退兵，却又害怕别人笑话。正在犹豫不决中，厨子为他端来了鸡汤。他看着汤碗中的鸡肋，陷入了沉思。这时有部将进帐，问丞相说："大人，夜间的口令用什么？"

"鸡肋。"曹操脱口而出。

杨修听说夜间的口令是鸡肋，点头不语，忙命人收拾行装，准备回家。周围人不解道："主簿，丞相没有下令要撤军啊！"

"你们知道什么？我从今夜的口令中就断定丞相已经下了决心，很快就要撤军。"

"怎么讲？"

"你们想，鸡肋是什么？食之无味，弃之可惜。现在进不能胜，退怕人笑，在这里只是白白浪费时间和精力，不如早些回家。因此我让你们早日收拾行装，以免到时候手忙脚乱。"

有人把杨修的话报告给曹操，曹操听了，暗暗吃惊——自己的心思本来很缜密，没想到却被杨修猜中了。此人不除，后患无穷。于是他下令逮捕杨修，以扰乱军心的罪名把他处斩。杀了杨修后不久，曹操就找了个借口退兵了。

人物

杨修出身名门，他的祖上在汉高祖时就因立了大功而被封侯。从他的高祖到他的父亲，四代历任司空、司徒、太尉这样的高官，位列三公。东汉末年，袁绍算是名门世家，但杨修的家世并不比袁绍差。

杨修从小就非常聪明，他思维敏捷、才华出众。他最初举孝廉，担任朝廷的郎中，后来又任曹操的主簿。但他为人恃才傲物，因此招致曹操的忌恨。后因为卷入了曹操两个儿子争夺太子的斗争中，被曹操借故杀死，死时只有四十五岁。杨修有很多著作，可惜大多已散佚。

释评

说杨修是聪明人，大家都会赞成。他的智商一定很高，甚至比常人高出很多，但他的这种聪明不能被认为是智慧。智慧和聪明有很大的区别。聪明只是凭着天生的智商和后天的知识，而智慧则在这些之上还要加上远见、谨慎和丰富的人生经验。

俗话说："伴君如伴虎。"曹操不是君王，却比君王还要凶狠。他极为狡黠，又比谁都爱面子。对于这样的人，你就不能在他面前逞聪明、玩花样。否则，你的处境就岌岌可危了。

郭嘉聪明过人，曹操对他言听计从，也没见曹操忌妒他。曹操对其他谋臣也是如此。不是说曹操没有忌妒心，而是他更在意他的大业，当这些人能够帮他成就大业时，他就一定能容人。

而杨修对军国大事并没有提出什么有价值的意见，反过来却在帮助曹植争夺嗣位，再加上他处处逞能，让曹操难堪，这就犯了大忌，他的杀头之祸也就注定避不开了。

原文

人情皆欲求胜，故悦人之谦；谦所以下之，下有推与之意。是故，人无贤愚，接之以谦，则无不色怿，是所谓以谦下之则悦也。人情皆欲掩其所短，见其所长。是故，人驳其所短，似若物冒之，是所谓驳其所伐则婟也。

译文

人的本性都想求胜，所以喜欢别人谦虚；谦虚的态度给人的感觉是你在他之下，有推举别人的意思。因此，人无论贤良不贤良，对他们谦虚，就没有不喜欢的。这就是人们喜欢别人谦虚的缘故。人的本性都是想要掩饰自己的短处，显露自己的长处。所以，有人揭露了他们的短处，就是冒犯了他们，这就是揭露别人的短处会让人讨厌的缘故。

事典

冯异、邓绥谦让以避祸

冯异原是王莽手下的官员，监管着五个县城。刘秀率领汉军攻打父城，冯异坚守，刘秀攻打不下，就在巾车乡扎下营寨。冯异到其他属县去的时候，被刘秀的手下捉住。冯异的堂兄和同乡都是刘秀的部下，他们就向刘秀推荐冯异。刘秀正在用人之际，就召见冯异。冯异说："将军用我，只是用了一个人。如果放我回去，我保证把五座城池都交给将军。"

刘秀很高兴，立即放了他。冯异回到父城，对守将说："现在各路的军队都很残暴，只有刘秀的军队军纪严明，很得人心。我见过这个人，他气度不凡，将来一定能成大事。我们不如去投奔他。"

这时，有其他军队来攻打父城，冯异和守将牢牢守住城池，直到刘秀赶来。冯异果然说服了五个县城归附刘秀。从此冯异便忠心耿耿地追随刘秀，即使在刘秀最困难的时期，他也在一旁默默地扶持他，给他以安慰。

一次，刘秀打了败仗，一路上又冷又累，来到饶阳无蒌亭。冯异不知从哪里找来了一碗热腾腾的豆粥，让刘秀喝了。第二天，刘秀对众将说："多亏了冯将军的一碗粥，我才解了饥寒。"

后来，刘秀一行来到南宫，遇到风雨大作，当时天气寒冷，他们见路边有一间空屋，便进去避雨。冯异抱来柴草，邓禹点了火，刘秀对着火烤起了湿衣服。冯异又找到麦子，煮了麦饭，让大家充饥。冯异这种坚定的意志和乐观精神感染了大家。他还去河间收集残兵，保存了力量。他和刘秀共患难，又立下大功，后来被封了侯。

冯异虽然官高位重，但他始终为人谦虚退让，非常低调。他出行时，如果遇到其他将领的车马，他就命人把马车停到路边，让人家先过去。打完了仗，别的将军都在一起大声谈论自己的战功，他却经常一个人躲在树下，靠着大树闭目养神。时间久了，人们给他起了个绰号，叫他"大树将军”。他不居功，不矜能，因此在全军中非常受人尊重。一次打了胜仗，刘秀要重新安排部队，士兵们都嚷着要跟随冯将军。刘秀笑道：“冯将军有如此威望，真是难得！”

平定关中后，为了安定那里的局面，刘秀派冯异驻守在那里，掌管一切。他在那里实行仁政，平反冤狱，不到三年，百姓安居乐业，都纷纷称颂冯大人公正廉明，是爱民的好官。冯异内心却感到不安，他写信给刘秀，希望召回自己，在刘秀的身边辅助他。但刘秀考虑到关中的重要性，认为那里一时还离不了冯异，就没有答应。

这时，有人上了奏章，说冯异在汉中一个人说了算，受到百姓的拥戴，大家都把他称为“咸阳王”，这样下去他可能会造反。刘秀把奏章转给了冯异。冯异看了非常惶恐，马上给刘秀上表，表示自己绝无二心。于是刘秀召他进京，当着文武百官对他大加赞扬，为他表功，又派人送给他很多财物，还说：“我没有忘记豆粥和麦饭，这么久了，你对我的深情厚谊我一直没能回报。”

刘秀几次设宴款待冯异，在冯异回关中时，刘秀还特地命他带着妻子和儿子一同前去，以表示对他的信任。

邓禹也是刘秀手下的大将，后来当了太傅。在汉和帝时，他的孙女邓绥被选入后宫，当了贵人。她和皇后及其他嫔妃都相处得非常好。每次有宴会，嫔妃都把自己打扮得漂漂亮亮的，只有邓绥穿着朴素。她为人十分谦让，当她发现自己的衣服和皇后穿的一样时，就赶紧换成别的衣服。和皇后一同见皇帝时，她从来不敢正坐或并立，走路时也微微躬着上身，表示身份低微。皇帝问起话来，她总是等皇后说完才回话。皇后有了过错，她总是为她掩饰。后来皇后失了宠，每次皇帝召见她，她总是推说有病。皇上对人说：“为人如此，真是有修养啊。”

有一次，邓绥生了病，皇帝特地下诏，要她的母亲和兄弟住进宫来照料她，她却说：“皇宫是禁地，让外戚住在里面，会引起别人的议论。上对

皇上不好，人们会认为皇上宠信私亲；下对臣妾不好，人们会说臣妾做事太过分。”

后来皇后被废，皇帝就想立邓妃做皇后，她却一再拒绝说：“不可。我何德何能，怎么配当皇后呢？”

于是她推说有病，闭门不出。直到皇帝下诏，她才当了皇后。她生活非常简朴，当了皇后以后，她下令各个封国今后一律不得进贡物品。皇帝每次要封邓家官爵时，她都会婉言谢绝。

人物

冯异是东汉中兴名将。他喜爱读书，通晓《左传》和《孙子兵法》。王莽篡汉后，天下大乱。冯异追随刘秀，剿平了王郎，大破赤眉、铜马等农民军。他为人宽厚谦让，更具有远见卓识，曾对刘秀建言，要他扩充势力，宽释囚徒，与民以利，这些意见被刘秀采纳。这样做的结果是刘秀得到了民心，壮大了力量。

冯异作战善于以智谋取胜。在峭底的战斗中，他事先埋伏好士兵，让他们穿上赤眉军的衣服。他先是诈败，然后利用伏兵对赤眉军发动了突然袭击，使敌军阵脚大乱，一举消灭了赤眉军八万人。他进入汉中，把关中的割据势力各个击破。

刘秀去世后，汉明帝为了纪念中兴功臣，命人在南宫云台阁画了二十八将的画像，其中就有冯异。

邓绥自幼聪慧，为人宽厚。五岁时，奶奶为她剪发，因为年纪大了，看不清楚，误伤了她的后额。邓绥不愿伤奶奶的心，便忍痛不言。邓绥未出嫁时，爱读经传，不爱女红，为此被母亲斥责。汉和帝死后，她临朝称制十余年，躬行节俭，帮助东汉王朝渡过了天灾多发、四夷外侵，盗贼内起的艰难时期。

释评

俗话说，谦虚使人进步。这是专门就学业而言的。更重要的是，谦虚有助于建立和保持和谐的人际关系，更有助于保全自己。

冯异就是这样。他受到光武帝的信任，成为其亲信，又屡立战功，难免遭到别人的忌恨，但他做人保持低调，不争功，不矜能，因此很得人心，仕途也颇为顺利。

邓绥也是这样。她是大功臣的孙女，自己又被皇帝宠爱，但她并没有因此而变得飘飘然起来。她深知后宫的凶险，因此处处小心，如履薄冰。她待人谦和，处处与人为善，因此她不但保全了自己，而且最后还得到皇帝的敬重，当上了皇后。

冯异也好，邓绥也好，他们都深谙人性。人性中大都有争强好胜的一面，自己比别人强，就会沾沾自喜；比不过别人，就会心怀忌恨。所以，当他们处于优势的时候，就刻意保持低调，处处让着别人。这样，人际关系就顺畅了，也就不会招来不必要的麻烦。

当然，谦虚不仅仅是一种策略，也是人的情操修养。我们要了解一个人能否和别人相处融洽，看他是谦虚还是骄傲就一目了然了。

原文

人情陵上者也。陵犯其所恶，虽见憎未害也；若以长驳短，是所谓以恶犯婟，则妒恶生矣。

译文

人的本性都想凌驾于别人之上。凌驾于别人之上，会使别人讨厌，虽然会招来憎恶，但还不至于受到别人的伤害。但要是以自己的长处来攻击别人的短处，这就会让人既讨厌又憎恶，就会招来伤害。

事典

孔融犯上遭杀戮

孔融很有能力，为人也十分聪明，但他性格刚直，对看不惯的事情难以容忍，又喜欢嘲笑别人。他在汉灵帝时就当了侍御史，但因为和中丞关系不和，就推说有病，辞去了官职。后来他在曹操手下做了官，但对曹操的奸诈和玩弄权术很反感，常常用言语来讥讽和戏弄曹操。

有一次，曹操下令禁酒，而杯中之物恰恰是孔融所喜爱的，他就找到曹操，问道："丞相禁酒，不知是为了什么缘故？"

曹操回答说："文举啊，你有所不知，现在国家内忧外患如此严重，而酒这个东西，喝了会误事的，会影响军情。"

"丞相啊，不光喝酒误事，"孔融冷冷地说，"女色也很误事呢。桀纣不就是因为女色而亡了国吗？为什么不一道把婚姻都禁止了？"

曹操听了只是哈哈一笑，不加计较，但这只是他的一种姿态，他心里其实非常忌恨。因为孔融才高名噪，曹操只好忍了。

孔融还经常发表议论，对曹操的政策加以非议。甚至在会见孙权的使者时，他对曹操的做法也进行了攻击。这些事情传到曹操的耳朵里，他就更加痛恨这位恃才傲物的"清流"之士了。但孔融仍不知避祸。他做了太中大夫，每天宾客盈门。他还对人说："座上客常满，樽中酒不空，我就没什么可忧愁的了。"

曹操野心勃勃，一心想被封王，还想让自己的儿孙在这个基础上夺取皇位。但孔融偏偏给汉献帝上书，提出按古代的制度，在京城周围一千里以内，不可建立封国。

孔融的行为很受当时士人的推崇，这对曹操的统治十分不利，他总想借机除掉孔融。但这件事情自己不好去做，只能借刀杀人。他想到了郗虑。这个人也是位名士，但他人品不好，也没有真才实学，只会夸夸其谈和阿谀奉承。有一次他和孔融一同晋见汉献帝，献帝问孔融，郗虑有什么才能，孔融一向讨厌他巴结曹操，助纣为虐，就答道："臣看郗虑只会空谈，并没有真正的才干！"

这件事让郗虑恨透了孔融。曹操想，正好可以借助这个人除掉孔融，于是他就提拔郗虑当了御史大夫。郗虑当然领会到了曹丞相的意思。一上台，他就罗织罪名，说孔融在当北海太守时就召集人马，图谋不轨；当着孙权的使者，诽谤朝廷；又与狂士祢衡互相标榜，行为放荡。于是，曹操下令逮捕孔融，连他的妻子儿女也一同处死。

人 物

孔融是孔子的二十世孙。他最初在朝廷做侍御史，辞官后又被征召，一直做到虎贲中郎将，因为得罪了董卓，被贬为议郎。献帝时期，出为北海相。他改投曹操手下后，对曹操多有冒犯，又因为喜欢议论朝政，最终被曹操杀害。

孔融在政治方面没有显示出杰出的才能，但在文学上颇有建树。他是建安七子之首，文才过人。曹丕非常喜欢他的文章，在做了皇帝后，下令四处收集他的遗作，凡献上的人，都得到了重重的赏赐。

释 评

孔融是孔夫子的后人，但他没有学到先祖的宽厚和谦和。他是名士，名士大都性格疏狂，不能容人。名士若处于山泽大野，或处于朝堂之外，他的疏狂更能显示其个性，也不会招来祸端，但一旦进入波谲云诡的官场，情况就有些不妙了。

孔大夫就是如此。名士疏狂本无不可，错就错在他不该进入官场，从事他本不擅长的政治。从事政治倒也罢了，他不该公开反对曹丞相的政策。反对曹丞相的政策倒也罢了，他不该用一些刻薄的话来讥讽他。这就是错上加错，祸上加祸。曹操出身并不算高贵，他的祖父曹腾本是宦官，他的敌人常拿这来做文章。虽然曹操是大英雄，本可以不拘这些小节，但他到底还是要面子的。孔融出身名门，本身就压了曹操一头，却还要以自身的长处来攻击人家的短处，巢覆卵不破怕也是难事。

从是否"陵上""犯媢"这两个方面，可以看出一个人的前景来。炫耀自己，让别人讨厌，是不可能处理好人际关系的。当然，这顶多是人际关系不好，但要以自己的长处攻击别人的短处，无异于去揭别人的疮疤，就会招致报复。要是碰巧遇上了掌握生杀大权，特别是像曹操这样心狠手辣的人，那后果自然可想而知。孔大夫就是一个很好的例子。

原文

凡此六机，其归皆欲处上。是以君子接物，犯而不校，不校则无不敬下，所以避其害也。小人则不然，既不见机，而欲人之顺己；以佯爱敬为见异，以偶邀会为轻；苟犯其机，则深以为怨。是故观其情机，而贤鄙之志可得而知也。

译文

以上六种情况，都是源于好胜的本能。所以君子待人接物，不会计较别人的冒犯。不计较就会对每个人都尊敬，所以不会招致伤害。小人就不是这样了，他们既不能审时度势，又要别人顺从自己；他们装作敬爱别人，以使别人对自己另眼相看。要是别人不经常邀请他们做客，他们就会认为对方轻视自己；假如别人揭露了他们的短处，他们就会深深地怀有怨恨。所以说，观察一个人在与别人相处时情绪上的反应，就会知道他的道德是高尚还是卑下了。

事典

郭子仪、鱼朝恩泾渭自分明

郭子仪是唐代中兴名将，为平定安史之乱立下了赫赫战功。当朝廷任命他为朔方节度使，让他掌握生杀大权时，李光弼很害怕。因为在他们都是下级军官时，两个人的关系很不好，甚至见了面都不说话。李光弼担心郭子仪报复自己，就找到郭子仪，对他说：“大人，过去对你多有得罪，要杀要砍，一切都由大人。只是我身为军人，宁愿死在沙场之上！”

“何出此言！”郭子仪连忙拉他站起来，和他在堂上对坐，说道，“你我一同共事，难免有些磕碰，这只是个人的事情，过去了就算了。现在国家正是危急存亡之际，我们应该携起手来，一同光复大唐。”

说到国事，两个人都流下了眼泪。不久，朝廷的诏书下来了，任命李光弼为河东节度使。这个任命使李光弼大感意外。后来他才知道，这是郭子仪全力举荐的结果。

李光弼去上任时，郭子仪特地拨给他一万精兵，对他说：“李将军，你我责任重大，当全力报效朝廷！”

“郭大人，我一定竭尽全力剿灭反贼，既效力朝廷，也不辜负大人的厚望！”

果然，两个人在各自的战场上都立下了奇功。郭子仪的胜仗打得越来越多，军中的士气也越来越盛，在朝野的威望也越来越高。但这也招来了一些权臣的妒忌，宦官鱼朝恩就是其中一个。

鱼朝恩对皇帝说了很多郭子仪的坏话，结果皇帝罢免了郭子仪的兵权，把他召回了朝廷。将士们都愤愤不平，但郭子仪安之若素，一点怨言都没有。

有一年，郭子仪家的祖坟被人掘了，这算得上是奇耻大辱。有人怀疑是鱼朝恩派人干的。朝中的大臣都担心郭子仪会借此发作，皇帝也亲自抚慰郭子仪。郭子仪对皇帝说："末将过去带兵不严，有些士兵也干过偷掘人家坟墓的事情，这也许就是上天对我的报应吧。"话一传开，大家都称赞郭子仪一心为国，胸襟开阔。

对鱼朝恩，郭子仪也采取了忍让的策略。鱼朝恩对郭子仪也渐渐地由忌恨转为佩服。一天，鱼朝恩派人送来请柬，请郭子仪一同出去游玩。郭子仪手下的部将说："大人千万不可前去，这个家伙恐怕要借机加害于你。"

"既然人家盛情邀请，我岂有不去之理？"

"大人要去也行，请让我们跟随前往，保护大人！"

"这算什么，出去游玩还要带兵？老夫一生打过无数次仗，什么阵势没有见过？不必了，此行料也无妨。"

于是他只带了几名家人前去。鱼朝恩很奇怪地问道："郭大人怎么不带仪仗？"

"有人说大人要加害于我。我要是多带人来，岂不是显得怀疑大人了？"

鱼朝恩大为震惊，他抓住郭子仪的手，连连说："像郭公这样的长者，谁能不敬重呢？"从此，他对郭子仪的态度有了明显的变化。

说起鱼朝恩，此人既专权，又自以为是，但他受到皇帝的宠信，一般的公卿在他面前都不敢抬头。有时宰相处理政事，没有和他打招呼，他就气呼呼地责问宰相："天下的事情，怎么能不通过我？"

他对皇帝也很跋扈。他有个干儿子叫鱼令徽，年纪不过十四五岁，就开始在朝中做官。有一次，鱼令徽抱怨自己官职小，在朝中不受重视，鱼朝恩就在皇帝面前说起，要皇帝赐他三品以上的紫衣，加金玉带。皇帝还没有答应，他就命管事的人把东西拿来，让鱼令徽叩谢皇恩。皇帝不好说什么，但心里十分不满。

鱼朝恩在朝中排斥异己，谁得罪了他，就一定会遭到报复。因此，朝中的大臣都很恨他。唐代宗时，他不但掌管了全国的军队，还统领皇帝的禁军，一时气焰熏天。代宗很痛恨他，就和宰相元载密谋除去他。郭子仪也认为鱼朝恩掌管着禁军，担心出现变故，要代宗多加提防。于是，元载设计，趁鱼朝恩不备，在朝堂上将他处死。

人物

郭子仪一生戎马征战，为唐朝的统一和中兴做出了很大的贡献。他武举出身，安史之乱爆发后，被任命为朔方节度使，开始踏上讨伐叛逆的征途。在他的率领下，唐军先后收复了东都洛阳、西京长安。平定安史之乱后，郭子仪兼任关内与河东副元帅之职，抵御回纥，击退吐蕃，身系国家安危、社稷存亡长达三十余年。

郭子仪不仅能征善战，而且知人善任。经他提拔的、后来成为大唐重臣的有六七位之多。他为人谦和忍让，功高而不居，无论是在朝野还是在军中，都享有极高的威望。唐朝的宰相裴垍评价他说："权倾天下而朝不忌，功盖一世而上不疑，侈穷人欲而议者不之贬。"意思是说郭子仪功盖天下而能使天子不起疑心，位极人臣而没有大臣妒忌，生活上穷奢极欲却无人指责，古往今来的名臣、名将，像他这样善始善终的很少。

鱼朝恩是唐代著名的宦官，也是一个权倾朝野的奸臣。他在唐玄宗的时候就进宫当了太监。安史之乱爆发后，他随着玄宗出逃，又侍奉太子李亨，由于这一番经历，他受到皇帝的宠信也就不足为怪了。肃宗时，他担任观军容宣慰处置使等职，负责监领九个节度使麾下的几十万军队，开创了唐朝宦官掌握兵权的先例。

鱼朝恩在宦官中算得上是一个很有才干的人。据说他知书达理，能够

讲授五经，还通晓佛法。但他利欲熏心，不能审时度势，反而干预政事，干了很多贪赃枉法的事情。后来鱼朝恩的权力越来越大，危及皇帝，因此惹来了杀身之祸。

释评

君子和小人的不同在于，君子胸襟开阔，与人为善，而小人却心胸狭隘，不能容人。郭子仪和鱼朝恩就充分证明了这一点。郭子仪功劳盖世，对大唐有再造之功，难免会招致别人的忌妒，这里面就包括了鱼朝恩。他一再向郭子仪发难。要是换了旁人，定会不依不饶地要讨个说法，但郭子仪一忍再忍。郭子仪不仅一再退让，而且还对鱼朝恩坦诚以待。鱼朝恩到底也是聪明人，看出再和郭子仪斗下去，对自己一点好处也没有，也就放弃了敌对的立场。

鱼朝恩和郭子仪不同，他没有功劳，却掌握了朝中的大权，甚至包括军队的大权。但他没有把这当作一种责任，反而当作他排挤和打击别人的一种本钱。郭、鱼二人的境界和品格真是有天壤之别，光是在明智这一点上，鱼朝恩就远远不如郭子仪。所以，郭子仪一生荣耀非凡，而鱼朝恩却被当作奸党除掉。

这样的例子很耐人寻味，它不光告诉我们怎样识人，同时也教我们怎样做人。

何谓观其所短，以知所长？夫偏材之人，皆有所短。故直之失也讦，刚之失也厉，和之失也懦，介之失也拘。夫直者不讦，无以成其直；既悦其直，不可非其讦；讦也者，直之征也。刚者不厉，无以济其刚；既悦其刚，不可非其厉；厉也者，刚之征也。和者不懦，无以保其和；既悦其和，不可非其懦；懦也者，和之征也。介者不拘，无以守其介；既悦其介，不可非其拘；拘也者，介之征也。然有短者，未必能长也；有长者必以短为征。是故，观其征之所短，而其材之所长可知也。

何谓观其聪明，以知所达？夫仁者德之基也，义者德之节也，礼者德之文也，信者德之固也，智者德之帅也。夫智出于明，明之于人，犹昼之待白日，夜之待烛火；其明益盛者，所见及远，及远之明难。

- 通过观察那些偏才的短处，可以发现他们的长处。
- 杰出的人才往往是偏才，他们的长处与短处同样明显，关键要学会扬长避短。
- 注意那些装糊涂的聪明人，解开他们的心结，任用他们。
- 不要用自己的长处去攻击他人的短处。

原文

何谓观其所短，以知所长？夫偏材之人，皆有所短。故直之失也讦，刚之失也厉，和之失也懦，介之失也拘。夫直者不讦，无以成其直；既悦其直，不可非其讦；讦也者，直之征也。刚者不厉，无以济其刚；既悦其刚，不可非其厉；厉也者，刚之征也。和者不懦，无以保其和；既悦其和，不可非其懦；懦也者，和之征也。介者不拘，无以守其介；既悦其介，不可非其拘；拘也者，介之征也。然有短者，未必能长也；有长者必以短为征。是故，观其征之所短，而其材之所长可知也。

译文

什么是通过观察一个人的短处,来了解他的长处呢？凡是偏才之人，都有自己的短处。所以,性格直率的人的缺点在于喜欢指责别人的短处,性格刚正的人的缺点在于过于严厉,性格和善的人的缺点在于过分软弱,性格耿介的人的缺点在于过于拘谨。但直率的人，如果不指责别人，就称不上直率了；既然喜欢他的直率，也就不可责怪他指责别人；指责别人，正是率直的特征。刚正的人不严厉，就称不上刚正了；既然喜欢他的刚正，也就不可责怪他的严厉，因为严厉是刚正的特征。和善的人不软弱，就不能保持和善；既然喜欢他的和善，也就不必责怪他的软弱，因为软弱是和善的特征。耿介的人不拘谨，就不能保持他的耿介；既然喜欢他的耿介，也就不必责怪他的拘谨，因为拘谨是耿介的特征。然而，有短处的人，不一定有其长处；有长处的人，一定会有短处作为其特征。所以说，观察一个人表现出来的短处，也就会知道他有哪些长处了。

事典

范滂忠直酬壮志

范滂从小就怀有大志，一心想扫除天下。他性情刚烈、疾恶如仇，眼睛里容不得半点沙子，做事很极端。

有一年，冀州发生饥荒，治安很乱，朝廷就派范滂作为清诏使去当地视察。范滂坐在车子上，手握缰绳，心里想着该如何除暴安良。范滂刚一到州里，当地的官员知道自己贪污受贿的事情肯定逃不过范滂的眼睛，就丢下官印，连夜逃走了。

后来范滂被提升为光禄勋主事。他的上司陈蕃也是一位很有名气的官员。范滂以官员的礼节去拜见陈蕃，陈蕃没有留他。范滂感到受了怠慢，非常恼怒，就辞官不做。有人对陈蕃说："对待范滂这样的人，是不能用官场的礼节来要求他的。他辞官不做，名气就更大了，大人却会因此受到非议。"

果然，范滂越是这样，他的名声就越大。后来太尉黄琼又召他做官。皇帝下诏，要求官员们体察民情，检举地方官员所犯的错误，范滂一下子就弹劾了刺史、太守等共二十多人。尚书对范滂说："你弹劾的官员实在太多了，这样恐怕不妥吧，还请三思。"

尚书话里有话。他觉得范滂是在标榜自己，动机不够纯正。范滂却不以为然地说："我检举的当然都是坏人，不然，我干吗要用他们的名字来脏我的纸笔呢？只是朝廷要得急，我先检举了这些人。至于其他的，等我了解清楚再上奏吧。要是我检举的不符合事实，我会承担责任，请朝廷处死我！"

尚书见他态度如此激烈，便不好再说什么了。

在范滂担任汝南郡功曹，掌管全郡政事时，凡是行事违背孝悌、不合仁义的官员，一律被范滂罢免，他绝不与之共事。郡里做官的人暗地里都恨透了他，把他所用的人称为“范党”。范滂还经常攻击朝廷的做法，谈论起来慷慨激昂，对看不惯的事情一定要除净而后快。三公九卿以下的官员，都怕他对自己不利，因此表面上对他毕恭毕敬，拼命奉承他。当时太学的学生都把范滂视作自己的楷模，学习他的风度和做派，一时成为风气。

“范滂大人真是雷厉风行，所到之处，弊绝风清。士人这回该扬眉吐气了！”太学生都这样说。只有一位叫申屠蟠的士人摇摇头，叹息说：“战国的时候，隐居的士人随便议论朝政，各国的王侯亲自为他们执帚扫除，作为前导，结果导致了焚书坑儒的灾难。范滂如此激进，只怕是会重蹈覆辙！”说完，他悄悄离开，找了个地方躲了起来。不到两年，范滂就遭受党锢大祸，被杀了头。

人物

范滂是东汉人，他性情刚烈，一心想实现自己的政治抱负。在被举荐做官后，他采取了一些比较激进的做法，因此得罪了很多当权者，同时也无助于事情的进展。他为官清正，一心想整肃贪腐之风，也受到了当时人们的敬重。

东汉灵帝建宁二年（169），宦官以结党的罪名大杀朝臣，督邮来到范滂所在的县，拿着逮捕他的诏书，关起门来，伏在床上痛哭。范滂听到消息后，认为督邮痛哭是为了自己，就主动去投案。县令见他来了，就要和他一同逃走，被范滂拒绝了。范滂辞别老母，然后上路。人们听到这个消息，都流下了眼泪。范滂被杀时，只有三十三岁。

释评

用今天的眼光看，范滂自身也有些问题，他的节义和品格固然没有问题，但他的做法未免过于激进，而且有些偏执。正是他这样的做法让宦官找到借口对“清流”开刀，从而导致了东汉末年的党锢之祸，使政治格局发生了变化，

变得越发不可收拾。

范滂无疑是个偏才，在他身上，缺点和优点同样突出。他过于刚烈，也过于严厉，不知道政治要讲究策略，更不懂得欲速则不达的道理。

人没有十全十美的，像张良、陈平、诸葛亮、刘伯温这样的经世之才一百年也找不到一个。在很多杰出人物的身上，长处的后面都隐藏着短处。关键的问题在于我们识人时，一方面要看到他们的长处，另一方面也要看到他们的短处。这样，在用人的时候就可以避短扬长了。

原文

何谓观其聪明，以知所达？夫仁者德之基也，义者德之节也，礼者德之文也，信者德之固也，智者德之帅也。夫智出于明，明之于人，犹昼之待白日，夜之待烛火；其明益盛者，所见及远，及远之明难。

译文

什么是通过观察一个人的聪明程度，来了解他会在哪些方面取得成功呢？仁是道德的基础，义是对道德的节制，礼是道德的具体表现，信是道德的保证，智是道德的主导。所谓智，出于对事物的明辨。明辨对人来说，就像是白天的太阳、夜晚的灯光一样重要；越是明辨的人，见得就越远，见识远大是很难的事情。

事典

马援仁义成大业

马　援

字文渊，东汉著名军事家。汉光武帝时，因功累官至伏波将军，封新息侯，世称“马伏波”。

镜　鉴

只有通过客观观察和理性分析，才能做出正确的决策。

马援从小就有大志。他不愿死做学问，就跟抚养他长大的哥哥们说，他决意到边郡去放牧。他的哥哥们都在朝里做官，了解马援的心思，就对他说：“你有大才，日后一定会成大器，你就去做你喜欢做的事情吧。”但没过多久，他的大哥马况病死，他就为大哥服丧一年，每天都在墓地度过。后来他来到边地放马，很多人仰慕他，就去投奔他。他游历了很多地方，增长了见识和阅历。

马援很善于经营，很快就有了几千匹马以及几万斗谷物。他说：“积累钱财，就是要为众人所用，不然就成了守财奴了。”于是他把所有的钱财都分给了众人，自己穿着一件皮袍，悠然自得。

王莽当了皇帝后，不得人心，各地纷纷反叛。马援在隗嚣手下做了绥德将军，很受器重，凡有大事，隗嚣都要和他商量。

公孙述在四川自立为皇帝，刘秀则在洛阳当了皇帝。马援和公孙述是老朋友，隗嚣就派马援去拜访他。隗嚣对马援说：“你去了解一下他的为人，看看他的位置能不能坐稳。”

马援到了那里，满心以为公孙述会像对待老朋友一样对待他，和他手拉着手一起谈天说笑。没想到公孙述在殿外布置了重兵，让人引马援进殿，互相问候后，又把他送到驿馆，让他换了新衣服，然后聚集所有的官员，设宴招待他。公孙述等百官都到了，他才坐着马车，打着鸾旗，在卫士的簇拥下缓缓而来。

宴席很丰盛，公孙述对马援和他的手下也非常礼貌。他还想给马援封侯，并任命他为大将军。马援的手下动了心，对马援说："大人，公孙述这样厚待我们，不如留下吧。"

"天下成败还没有定局，公孙述不和别人谋划天下大计，还摆出一副皇帝的架子。这只是做做样子，就好像演戏一样。这样的人怎么能成大事呢？"

回去后，他对隗嚣说："公孙述是井底之蛙，妄自尊大而已。我们不如专心投奔刘秀。"

后来隗嚣让马援去洛阳给光武帝刘秀送信，刘秀等马援一到，就派人请他上殿，笑着说："你来往于两个皇帝之间，今天见到你，真令人大感惭愧呀。"

马援行礼说："现在不光君主可以选择臣子，臣子也可以选择君主。我和公孙述是同乡，我去见他，他还设卫兵守护。我现在远道而来，陛下怎么这么大意，难道不怕我是刺客吗？"

"你不是刺客，只是一个说客。"

"陛下，现在天下动荡，擅自称帝的人不在少数。"马援说，"今天见识到了陛下与当年的高祖一样的宽宏大度，才知道陛下是天命所归！"

回去后，马援对隗嚣说："刘秀和我谈了几次话，每次都从夜里一直谈到天亮。他精明干练、韬略过人，而且对人推心置腹、坦诚相见，又豁达大度，还熟读经书，对前朝的事情了如指掌。"

隗嚣问："你说他有些像汉高祖，他比起汉高祖来怎样？"

"不如高祖。高祖性情豁达大度，当今的皇帝喜欢吏事，做起事情来一定要按制度行事，也不像高祖那么喜欢喝酒。"

"按你所说，刘秀不是胜过高祖了吗？"

在马援的劝说下，隗嚣也决定跟随刘秀，于是派自己的儿子到洛阳去当人质，马援陪同前往。光武帝对马援十分器重。从此，马援跟从光武帝立下了很多功劳。

马援对属下非常宽厚。他每次立功或升官，都会犒赏将士。他说："我的堂弟曾经看我慷慨，有大志向，就对我说，人的一生，只求衣食温饱，坐着小车，骑着瘦马，在郡里当着小官吏，守着祖宗的基业，被乡里称作有德积善的人也就够了。追求多余的东西，只是自寻烦恼。当我在浪泊、西里之间出征时，敌人还没有被消灭，下面有沼泽，上面有雾气，我累了躺在草地上，想起堂弟说的话，那种安闲的生活哪里能得到呢？现在全仗着大家出力，承蒙皇上的厚爱，在你们之前就佩戴金紫，封了爵，这让我既高兴又惭愧。"手下人听了他的话，都伏下身来高呼将军英明。

马援从小就死了父母，是由哥哥们带大的。他当上了朝中的九卿后，对哥哥们的儿子都很关心。他的两个侄子常爱发表尖刻的议论，还结交一些不法的侠士，这让他非常担心。他给侄儿们写信说："我希望你们听到别人的过失，就像听到父母的名字一样，耳朵可以听，嘴里却不能说。喜欢议论别人的长短，妄自评论时政的得失，这是我深恶痛绝的事情，我宁死也不愿子孙们这样做。"

他还告诫侄儿，要谦虚节俭、清廉公正，忧他人之忧，乐他人之乐，不要放浪形骸。

马援志在天下，他常常担忧匈奴和乌桓在北边袭扰边境。他常说，大丈夫应当死在疆场，马革裹尸而还，怎么能躺在床上，死在儿女的面前呢？

人物

马援是东汉著名将领。他祖上是赵国的名将赵奢，赵奢因为战功，被赵王封为马服君，所以他的子孙就都姓了马。马援十二岁时成为孤儿，由

哥哥们带大。马援曾出任新城太守，后依附割据陇西的隗嚣。归顺光武帝后，马援参与征讨隗嚣，筹划进军路线，因攻灭隗嚣而被封为中大夫，后来当了陇西太守。他多次击败先零羌，保证了边地的安全，被封为伏波将军，后远征武陵、五溪蛮夷，发生时疫，病死军中。

释评

马援算得上一个拥有雄才伟略的将领。他为人仁爱忠诚，又有远见，识大体，因此在战场上能打胜仗，在官场上也能处于不败之地。

他是隗嚣的手下，却并不认为隗嚣是能成大事的人，因此他反对隗嚣另立山头，也瞧不起貌似强大的公孙述，而主张投靠刘秀。在当时纷纭复杂的政治格局中，他是很有眼光的。

可以说，马援很会看人，因为他知道如何去观察一个人能否有作为。他也会做人，因为他知道要想成功，应该从哪些方面做起。当一个人清楚了成功需要具备的素质后，他不但会用这些作为标准来考察别人，也自然能用这些标准来要求自己。

一个成功的人，需要具有多方面的素质。过去常讲，为将者要做到仁、义、礼、智、信五个方面，缺一不可。这是因为，没有仁爱，就不可能得到别人的拥护；没有义气，就不可能得到别人的关爱；没有礼貌，就不可能得到别人的尊重；没有智慧，就不可能得到别人的敬服；没有信义，就不可能得到别人的信任。只有把这些素质综合起来，成功的概率才会高。

我们考察一个人，也可以从这些方面着手，看他具备哪些素质，缺少哪些素质。通过细致的考察，就可以大致了解一个人能做什么，不能做什么，了解他具有哪些长处，又有哪些不足。

因此，无论是从马援看人的角度，还是从他做人的角度，我们都可以得到某些启示，以此来增强识人的本领，提高自身的素质。

是故，守业勤学，未必及材；材艺精巧，未必及理；理意晏给，未必及智；智能经事，未必及道；道思玄远，然后乃周。是谓学不及材，材不及理，理不及智，智不及道。道也者，回复变通。

是故，别而论之：各自独行，则仁为胜；合而俱用，则明为将。故以明将仁，则无不怀；以明将义，则无不胜；以明将理，则无不通。

然则，苟无聪明，无以能遂。故好声而实不克则恢，好辩而礼不至则烦。好法而思不深则刻。好术而计不足则伪。

是故，钧材而好学，明者为师；比力而争，智者为雄；等德而齐，达者称圣。圣之为称，明智之极名也。是故，观其聪明，而所达之材可知也。

本卷精要

· 空有勤奋不如实在掌握一门技艺重要。

· 小人多是善于伪装之徒，不识其伪，必受其害。

· 不要被表面的聪明所迷惑，智慧不能替代技艺。

· 狷介与刻薄的人才，其能力可减半看待。

原文

是故，守业勤学，未必及材；材艺精巧，未必及理；理意晏给，未必及智；智能经事，未必及道；道思玄远，然后乃周。是谓学不及材，材不及理，理不及智，智不及道。道也者，回复变通。

译文

所以说，在专门领域内勤奋学习，也不一定能够成才；成才了，掌握了技艺，也不一定能够把握事物的根本道理；掌握了道理并且能言善辩，也不一定能达到智慧的程度；有了智慧，能够处理各种事务，也不一定能把握普遍性的真理——道；对道思考得高深，然后才能无所不能。这就是说，勤奋学习，赶不上掌握技艺；掌握技艺，赶不上把握事物的根本道理；把握事物的根本道理，赶不上富有智慧；有智慧赶不上把握道。道，在天地间循环变化、神秘莫测，我们很难说清它到底是什么。

事典

房丞相才疏误国

房琯从小就勤奋苦学，做官为政也很有名声。安禄山、史思明发动叛乱时，唐玄宗仓皇之中逃到巴蜀避难。朝中一些大臣都嫌路途遥远，不愿跟随。这时房琯召集了几个人，一同去投奔皇帝，共赴国难。谁知刚刚出城十几里，另外几个人就知难而退了。只有房琯一个人不顾蜀道艰难，终于来到玄宗身边。玄宗见他远道而来，非常高兴，就重用了他。房琯也以天下为己任，一心想平定叛乱，重振大唐江山。

756年，房琯和另外几个人奉上命到灵武去宣诏太子即位，即唐肃宗。房琯见了肃宗，慷慨陈词，肃宗听了肃然起敬，于是任命他为宰相。

当时在潼关战败的几员大将被朝廷拿获。肃宗下令将他们处死，房琯

规劝说："事发突然，他们来不及准备，因此失败了。现在天下未定，正是用人之际，不妨给他们一次机会，让他们戴罪立功。"肃宗听了，就只杀了个首犯，赦免了其余的人。

房琯深得肃宗信任，凡有大事，都由他来做决定，别的将军都不敢插嘴。房琯只是个文人，根本不懂军事，却自认为无所不能。他向肃宗提出收复长安的计划，被肃宗采纳。肃宗一心想收复长安，自己也好早日回到京城，但他万万没有想到，房琯发起的这次战事，几乎断送了大唐江山。

房琯亲自率领三路大军，浩浩荡荡地向长安进发。他亲自选择的助手都是文官，不懂打仗。他还采用了古代的车战法，用了两千辆牛车，由步兵和骑兵在两翼掩护。到了咸阳附近，两军展开了战事。叛军看到老牛拉的战车，都感到好笑。于是他们顺风放起火来，老牛受惊四处乱窜，叛军乘势挥兵杀来，唐军阵脚大乱，被踩死、烧死的不计其数。房琯大声喝令，但已经没有人听从命令了。他的部下杨希文和刘贵哲为了保命，在阵前投降了叛军，手下其他将领见势不妙，只好护着房琯杀出一条血路，逃回了大营。

这一战，唐朝的军队死伤达四万多人，几乎全军覆没，不仅使军队元气大伤，房琯的名声也从此大跌。

人物

房琯出身世家，自幼苦读，又在陆浑山中隐居了十年，后来出来做官。玄宗到了蜀地后，他去投奔，被委以重任。后来又参与册立肃宗，被肃宗所器重。房琯喜欢蓄养宾客，长于谈吐，风度也好，但不懂用兵，在收复西京长安时被打得大败。肃宗虽然没有追究他的责任，但他受到了朝野上下的指责。后来有个叫董庭兰的琴工因与房琯关系亲近，借他的权势收受贿赂，被人治罪。房琯到肃宗面前申诉，肃宗大怒，贬了他的官。

释 评

有人说，房琯如果生在太平盛世，一定会是一位很不错的宰相。这话有几分道理。在和平年代，宰相只需统御百官，让他们按部就班各司其职就行了，没有什么军国大策需要决断，也很少需要应付突发事件。

对于统御，房琯应该是能够胜任的。但是很不幸，他生逢乱世，朝廷的对手又是凶悍的反叛军阀。更不幸的是，他不清楚自己有多大的能力，以为自己统率大军出征，就一定能够旗开得胜。

打仗并不像写文章那么容易，打仗不仅要审时度势，把握战机，更要有韬略，有胆识。而房琯连起码的军事知识都没有，且食古不化，竟然效仿春秋时期的做法，让牛车上阵，导致那么多士兵无辜地惨死在战场上，真是让人气愤。

做任何事情都应遵循其自身的规律，不然就是外行。但掌握了自身的规律仍然不够，还要把这些提升到智慧的高度，即上升到普遍的规律，这就是“明道”。

房琯的失败，在于他没有大智慧。当然，更多的责任在皇帝身上，作为一国之君，要知道臣子的长处和短处，然后用其所长，避其所短。肃宗应该清楚房琯虽然仪容出众、风度翩翩，但只善于言谈，这样的人，放在朝堂上可以，但领兵打仗就不行了——打仗是硬碰硬的事情，要有军事才能才行。

原 文

是故，别而论之：各自独行，则仁为胜；合而俱用，则明为将。故以明将仁，则无不怀；以明将义，则无不胜；以明将理，则无不通。

译文

所以，只能另外讨论在道之下的各种才能与品德。当几种才能与品德各自发挥作用时，仁最为出色；而把它们综合运用时，明智应该是主导。所以用明智来引导仁爱，就没有什么不被容纳的；用明智来引导忠义，就没有什么不能战胜的；用明智来引导理，就没有什么不能通晓的了。

事典

郭嘉深谋取乌桓

袁绍被曹操打败后，他的儿子袁尚等人投奔了乌桓。

乌桓一直在扰乱中原。当时天下大乱，乌桓乘机掳掠了十万多户汉人，给汉朝造成了巨大的损失。袁绍为了笼络乌桓，就把他们各部落的酋长封为单于，还认了一些平民家的姑娘做自己的干女儿，把她们嫁给那些单于。袁尚到了乌桓，向那些单于求助，想依靠他们夺回失地。

曹操听到这个消息后，就准备出征乌桓。

“还望丞相三思，”将领们说，“袁尚虽然逃到了乌桓，但他已没有了势力，乌桓人是不会念及旧情的，想要让他们出兵帮助他不太可能。现在大军去征讨乌桓，刘备一定会劝说刘表乘着许昌空虚来进攻。一旦许昌失守，后果就不堪设想了。”

曹操看了看谋士郭嘉，问道：“你怎么看？这一仗是该打还是不该打？”

郭嘉说：“这一仗势在必打。丞相，现在冀、青、幽、并四个州的百姓刚刚归附于我们，还没有受到我们的恩德，一旦袁氏兄弟收买了乌桓，有所举动，四个州的百姓和异族都会起来响应，那时冀州和青州恐怕就难以控制了。”

曹操又问：“要是刘表来偷袭怎么办？”

“乌桓人以为我们和他们距离遥远，一定想不到我们会去攻打他们。我们可以趁他们疏于防范，突然袭击，一战告捷，这样大军很快就能返回许昌。再说，刘表只会空谈，他也清楚自己的才能不如刘备，如果重用刘备，他怕刘备会取代自己。因此，刘备是不会被他所用的。所以说，即使我们调兵远征，也用不着担心。”

曹操听了非常高兴，于是率大军东征。到了半路上，郭嘉向曹操提议：“兵贵神速，我们远涉千里来奇袭，辎重太多，难以把握先机。要是乌桓知道了消息，就会加强戒备。不如留下辎重，轻装加速赶路，打他个措手不及。”

这时候正是夏天，大雨下个不停，道路泥泞难行。等接近乌桓时，曹军发现各个要道都有乌桓的士兵在把守。见曹军一时难以前进，曹操眉头紧锁。

“丞相，”田畴看到曹操左右为难，就对他说，“道路积水，大军不能行进。但我知道原来右北平郡设在平冈，有一条路通过卢龙塞直通柳城。从光武帝的时候起，这条路就少有人行，但仍有旧迹可循。现在我们不如把大军撤回，他们必然会放松警惕。等到那个时候，我们再从卢龙塞越过白檀，进入他们没有布防的地区，路途又近，行动起来也方便，可以打他们一个措手不及，一战而胜。”

曹操连声称好，并下令撤军，还叫人在一块木牌上写道：夏季暑热，道路不通，等到冬季，再行出兵。

乌桓人的探子看到后，就回去报告，当真以为曹军已经离去。就在这个时候，曹操大军已经火速经过白檀、平冈，突然出现在乌桓人的面前。曹操命张辽为先锋，展开攻势。乌桓人大乱，乌桓的酋长和各部落首领在乱军中被杀，投降的胡人和汉人共有二十多万。

郭嘉是曹操手下最重要的谋士之一，他见识远大、多谋善断，为曹操

势力的壮大和北方的统一做出了重要贡献。

曹操对郭嘉十分敬重，几乎言听计从。但郭嘉很早就病死了，令曹操十分惋惜。后来曹操在赤壁之战中大败，还叹息说："要是郭嘉还在，我就不会落到如此地步。"

释评

郭嘉极有见识。当别的将军都反对曹操出兵攻打乌桓时，他却投了赞同票。别人的想法自然不无道理。乌桓太远，大军出征，都城空虚，刘备本来就对曹丞相虎视眈眈，一旦看到机会，就会说服刘表派兵来攻打，那时可就惨了。

但郭嘉看得更深一层，他认为刘表为人少谋寡断，对刘备也有戒心，不会轻易动兵。大军如果速战速决，刘表就算偷袭也不会得逞。更重要的是，如果逃到乌桓的袁氏兄弟站稳了脚跟，对邻近新收复的四个州进行袭扰，局面就难以控制了。

这些分析让人信服。当然，这也只是从技术层面上进行分析。如果从政治角度看，郭嘉的提议有更深的想法。

首先，乌桓是外患，对中原的百姓造成了很大的危害。曹操要站稳脚跟，就必须顺民意、得民心。攻打乌桓，是为了百姓，比起打袁绍来，更能让百姓看出曹操是真心为国事操劳。其次，乌桓不除，对朝廷来说总是个祸端。有了这个牵制，就难以对刘表、孙权等割据势力用兵。即使用兵，也会给一些反对派留下口实：外患不去消除，反而去打内战，完全是为了个人野心。

什么是"以明将仁""以明将义"？这就是说，讲仁义还不够，还要明智，这样仁义才不至于落空。打乌桓、除外患就是最大的仁、最大的义。明晰了这样的道理，再做好充分的安排和准备，仁义之师，岂有不胜之理？

原文

然则，苟无聪明，无以能遂。故好声而实不克则恢，好辩而礼不至则烦。

译文

然而，假如没有聪明，一切就都很难成功。所以，没有聪明指导，追求名声但名不副实，就会显得空泛；没有聪明指导，在辩论演说中讲不出深刻的道理，就会显得烦琐杂乱。

事典

殷仲堪才不堪用

谢玄镇守京口时，请殷仲堪做了他的参军。后来殷仲堪官越做越大，当了晋陵太守、太子中庶子，又掌管荆、益、宁三个州的军事，最后做到荆州刺史。一个文人当了将军，这在东晋并不稀奇，但殷仲堪的才能除了清谈之外，实在有限，对打仗更是一窍不通。

他的辩才确实很好，只不过和其他的辩士不同，他只是玩弄文字技巧而已，与外交和政治并不沾边。

一次，他和桓玄等人谈笑，说起危语来。所谓危语，就是用诗的形式表现危险的处境。轮到殷仲堪手下的参军说时，他一时想不起别的，就说了句："盲人骑瞎马，夜半临深池。"

正好殷仲堪有一只眼睛失明，大家都笑了起来。殷仲堪马上接着说："咄咄逼人。"这是暗示自己虽然只有一只眼睛，却很有神采。这样就巧妙地把尴尬化解了。

还有一次，桓玄去看望他，正好赶上他和小妾在房中睡觉。家人因此没有为桓玄通报，桓玄只好离开了。事后桓玄提起这件事，便嘲笑殷仲堪，

殷仲堪说："开始是没有睡觉，即使这样，后来不也用圣贤来代替美色，梦见周公了吗？"梦见周公是指睡着了。意思是说，即使开始是和小妾亲热，但到后来真的睡着了，梦见了周公，就是用圣贤来取代小妾了。

桓玄听了哈哈大笑，周围的人都说殷仲堪口才实在太好。

桓玄掌握朝政，一心想篡夺帝位。他拥兵自重，对晋朝构成了很大的威胁。殷仲堪不满桓玄的专横暴戾，也看出了他的野心，就与江州刺史杨佺期结成儿女亲家，互为援助。杨佺期几次打算进攻桓玄，都被殷仲堪竭力阻止了。

殷仲堪本来就是一介书生，不懂政治，更不会打仗，而且生性多疑，办事缺少决断。他的咨议参军罗企生对自己的弟弟说："殷侯为人仁慈，却优柔寡断，一定会遭逢大难。我承蒙他的知遇之恩，按道义讲是不能离开他的，将来一定会因他而死。"

这一年，荆州暴雨成灾，洪水泛滥，平地水高三丈。殷仲堪把府库中的储备粮食全部拿出来赈济饥民。桓玄打算趁他内部空虚的时候征讨他，于是发动军队向西进发，同时声言要去救助洛阳，并给殷仲堪写信说："杨佺期接受国家的恩宠，但是放弃帝王的坟墓陵寝不管，我们应该一起向他兴师问罪。现在应当进入沔水讨伐杨佺期，我已经在沔水入长江口这一带集结了兵力。如果你的看法与我没有差别，可将杨佺期的哥哥杨广抓起来杀掉。如果不这样做，我就要率大军跨过长江，攻击江陵。"

这时，巴陵还有积存的粮食，桓玄首先派兵去袭击夺取。梁州刺史郭铨正赶去上任，途中经过夏口。桓玄骗殷仲堪说，朝廷派遣郭铨担任自己的前锋，于是把江夏的部队全部交给他管理，并让他监督统领各支队一起前进，暗中又告诉他的哥哥桓伟作为内应。桓伟既惊慌又害怕，不知道应该干些什么，反而把桓玄的密信送交给殷仲堪看。殷仲堪扣下他作为人质，命令他给桓玄写信，文辞凄苦到极点。桓玄看了信说："殷仲堪为人没有决断，常常在打仗之前患得患失、计较成败，为自己的儿子考虑后路。我哥哥一定安全，不必忧虑。”

殷仲堪派堂弟殷遹率领水军七千人到达西江口，桓玄派郭铨、苻宏进攻，殷仲堪等败走。桓玄驻扎在巴陵，吃的是殷仲堪留下的粮食。殷仲堪派遣杨广和自己的侄儿殷道护等人带兵抵抗，全部被桓玄打败。

江陵城中缺乏粮食，只能把胡麻发给士兵充饥。桓玄乘胜到达零口，距离江陵只有二十里远。殷仲堪急忙写信请杨佺期前来救援自己。杨佺期却说：“江陵没有粮草，用什么来对付敌人？你可以屈尊到我这里来，我们一起据守襄阳。”

殷仲堪的愿望在于保全自己的部队和地盘，不打算放弃自己的州属到别处流亡，于是欺骗杨佺期说：“我们征集到了粮草，已经有所储备了。”

杨佺期相信了他，率精壮步骑兵共八千人到达江陵，而殷仲堪只能用一些杂粮来犒劳他的军队。杨佺期十分生气地说：“这一次必败无疑了！”

杨佺期连殷仲堪也不去见，就和哥哥杨广集结兵力，向桓玄发动进攻。桓玄害怕他的锐气，不与他交兵，而是拔马便退。第二天，杨佺期又带兵紧急攻打郭铨，几乎抓到了他。没想到桓玄的兵马赶来援助，杨佺期军队大败溃散，死战得脱，他与杨广一起骑着马逃奔襄阳。桓玄派遣将军冯该追捕杨佺期和杨广，把他们全部抓住杀掉，又把他们的人头送到建康。

殷仲堪听说杨佺期已死，只得带着几百人去投奔长安，走到冠军城，冯该带兵追上并把他抓住。在冯该的逼迫下，殷仲堪只好自杀。

人物

殷仲堪是东晋的名士，有辩才，善清谈，在当时名重一时。据说他父亲生病时，他衣不解带，每天流着眼泪为父亲熬药，有一只眼睛因此失明。守孝结束后，孝武帝征召他为太子中庶子，对他非常倚重。后来朝廷又让他统领荆、益、宁三个州的军队，镇守江陵。殷仲堪虽负有盛名，但在政治上既无明断，也缺少雄才大略，为政不能从大处入手，只是给下属和百

姓一些小恩小惠。在晋安帝年间，桓玄企图篡位，殷仲堪与桓玄对立，展开攻战，兵败后被俘自杀。

释评

殷仲堪是才士，有大名于天下，这个观点没有人会反对。但他的才，不是治国之才，也不是攻城略地之才，而是高雅清谈之才。他的大名也正是源于此，而不是源于他在政治和军事上的作为。

这样的人，是不能也不该委以重任的，当名士可以，做个太平的文官，写表章奏疏也还不错，但用他来统领军事岂不误事？晋朝的皇帝用了这样的人，可见气数也是要尽了。

有人说，清谈误国。这句话并不公允。清谈本来是谈玄理，谈文学，这对学问有好处，与国事无关。但因为一个人清谈谈出了名，就以为他可以治国平天下，那就大错特错了。不是清谈误国，而是让清谈的人治国才是误国。

殷仲堪的兵败自杀，一半是他自己无能，另一半也是朝廷用人不当。但无论如何，他都是位忠臣。他和桓玄在一起清谈，留下了很多名言，可能桓玄对他还是比较看重的。只是他反对桓玄篡权，两个人才成了敌对双方。也就是说，他们只是政敌，但没有私仇。如果换了别人，就会去依附桓玄，而殷仲堪却站出来维护晋室的皇权，到底是文人本色。可惜，他不够聪明，更没有军事才能，因此落败。

原文

好法而思不深则刻。

译文

制定法条时思虑太浅就会显得苛刻。

事典

海瑞忠直失深虑

海　瑞

字汝贤，明朝大臣，为政清廉，洁身自爱，后人称其为“海青天”，与宋代包拯齐名。

镜　鉴

不知权变则遭人怨，难以成事，难以保身。

明嘉靖四十五年（1566）二月，很久没有上朝的嘉靖皇帝忽然收到了一份奏疏。朝臣们都知道，皇帝早就厌倦了政事，每天都躲在西苑里面，专心斋醮，拜神炼丹，想求得长生不老。开始，还有人劝谏皇帝，大臣杨最和杨爵就因上疏劝谏皇帝不要相信术士，惹恼了他，被关进了大牢。从此，官员们纷纷向皇帝献上符瑞，而很少有人谈及国事。

这份奏疏是海瑞上的。海瑞官虽然不大，只是个户部主事，但在官场中名声远扬。他为官刚正不阿，凡事一点也不通融，同僚们都对他感到头疼，却又无可奈何，因为他从不贪，也不徇私，简直是个完美的典型。

海瑞当淳安知县时，经常穿布衣，吃糙米，家里的老仆还要在园子里种菜以供家用。由此可见其家境是多么清贫。海瑞是个孝子，老母亲过生日时，他也想趁此机会好好孝敬母亲，但因为家里没钱，只买了两斤肉，做了几个菜而已。海瑞这样严于律己，对别人的严苛也就可想而知了。

总督胡宗宪的儿子从淳安县路过，驿站的官吏不知因为什么事惹恼了胡公子，胡公子就命人把驿吏倒挂在梁上。海瑞知道后，就立刻派人把胡公子抓了起来，说：“这个人是来行骗的，不可能是总督大人的公子。总督平时

总是告诫官员们外出不要铺张，这个人行装这么奢华，肯定是假冒的。”

他下令罚了胡公子几千两银子充公，还派人把胡公子送交给胡宗宪。胡宗宪知道事情的缘由后，什么话也说不出来，只好认栽。

都御史鄢懋卿到下面视察工作，路过淳安县。在这之前，都御史每到一个地方，当地官员不仅盛情款待，还会把白花花的银子和当地的特产奉上。可海瑞对他的招待很随意，还冷冷地对他说：“大人，淳安县地方太小，容不下车马。”

鄢懋卿冷冷地说：“海大人，不劳你操心了。”

鄢懋卿想找个缘由治治海瑞，但他手下人说：“大人，这个人非常难缠，就是总督和巡抚都让他三分。不要和他计较，我们还是赶路吧。”于是鄢懋卿只好带着属下悻悻地离开了。

现在海瑞给皇帝上疏奏事，嘉靖皇帝感到很奇怪。嘉靖皇帝虽然生气，但还是想看看这位一向耿直的官员会在奏疏上面说些什么。于是他展开奏疏，读了起来。当天正是太监黄锦当值，他发现皇帝的脸色越来越难看。

原来，海瑞在奏疏里不但劝谏皇帝不要迷信炼丹之类的事，更对皇帝不理朝政、导致朝政腐败提出了严厉的批评：陛下一心想求神成仙，耗尽了民众的血汗，滥兴土木，二十多年不上朝，使朝廷的法令松弛。官吏们贪贿，横行不法，百姓难以为生。天下人对陛下不满已经很久了。他劝皇帝痛改前非，每天上朝和臣子们讨论国家大事，改正几十年来造成的错误，早日成为贤明的君王。

嘉靖皇帝看了，愤怒地把奏疏扔在地上，大声叫道：“快，快些抓住他，不要让这个人跑了！”

黄锦在一旁忙说：“主子息怒，这个人平时就是个怪人，有些痴呆呢。我听说他上疏时，自己也知道会触怒龙颜被杀，便买了口棺材，告别了妻子，上朝待罪。听说他家里的仆人早就逃光了，所以他不会跑。”

嘉靖皇帝便不再说什么。过了半晌，他又拿起奏疏读了起来。连读三遍后，他长长叹息道：“这个人可算得上是比干，只是朕并不是纣王。”

嘉靖皇帝一连几个月把海瑞的奏疏留住不发。这份奏疏显然触到了他的痛处，他总是说：“朕也想上朝，但谁叫朕生了病呢？”后来，他下令把海瑞关进监狱，追究主使者。刑部议罪，要处死海瑞，便上奏皇帝，皇帝仍然留住不发。

过了一年，嘉靖皇帝病死了，他的儿子裕王即位当了皇帝，下令释放海瑞。当时，海瑞在牢中，并不知道皇帝的死讯。监狱的官员听说海瑞要被释放，就带着酒菜前去贺喜。海瑞以为自己将要被砍头，就大吃大嚼起来。

监狱的官员看到海瑞误会了，就小声说：“听说皇上归天了，这下先生该有出头之日了。”海瑞听说，放声大哭，把刚刚吃的食物都吐了出来。

海瑞果然不久就被释放，还当上了两京左右通政。后来他又以右佥都御史巡抚应天十府，下面的官员听到他要来，都纷纷辞官。那些兼并了农民田地的富豪也都把田地归还给农民。

他为人峭直，做的事触怒了一些权贵和恶吏，因此朝中许多官员都不喜欢他。不过他的性格中也的确有一些刻板、迂腐甚至乖戾和不近人情的地方。比如说，户部司农何以尚和海瑞是朋友。海瑞被关进监狱后，只有何以尚为他鸣不平，结果也被关进牢里。可当海瑞重新做了官，何以尚以下属的身份去见海瑞时，海瑞却摆出上司的架子，高坐在主位，让何以尚坐在角落里。何以尚表示不满，海瑞却仍然是一副冷冰冰的面孔。这件事一经传出，人们都对他议论纷纷。

但海瑞无论如何都是一位清官。他死的时候，家里只有几两银子，连安葬费都不够，还是一个叫王用汲的人为他办理了后事。出殡的那天，商人们罢市，农民也不耕种，人们夹道相送，前去拜祭的人几百里不绝于途。

人物

海瑞是琼山市府城镇金花村人。他自幼攻读诗书经传，博学多才，嘉靖二十八年（1549）中举。海瑞最初担任南平教谕，只是个小吏，后来才被升为淳安知县，此后又被调到兴国当知县。他为官清正廉洁，并打击豪强，阻止了他们对农民土地的兼并，被百姓称为“青天大老爷”“包公再世”。他上疏嘉靖皇帝，因此被下狱，差点被处死，但这件事也使他名声大振。获释后，海瑞曾任应天巡抚，大力推行“一条鞭法”，遭到张居正等人的反对，后被革职回乡。七十二岁时，海瑞又被重新起用，出任南京都察院右佥都御史，但不久就病死了。他死后朝廷赐祭八坛，赠太子少保，谥号“忠介”。

释评

海瑞的清廉、直言敢谏和不畏强权，这一点靠个人的品德完全可以做到，但要做利国利民的好事，就要得到上上下下、方方面面的支持，实在不是一件容易的事。海瑞上疏后，老皇帝没有杀他，新皇帝又给他官做，皇帝这样做只是把他视作道德的楷模，前者不敢杀，后者则要靠他来树立新朝廷的形象。如果海瑞了解并认同了这一点，他完全可以继续保持清廉的形象，心安理得地做楷模，官可能还会越做越大。但他一心想为朝廷和百姓做些实事，就难免与一些人的利益产生冲突，导致再次被罢官的悲剧。

海瑞个性狷介，不懂得搞好人际关系。而要做大事，既不能过于在意人际关系，也不能不顾人际关系。如果像海瑞那样，一切都从自己的好恶出发，容不得别人，也不讲策略，在政治上是很难有大作为。

原文

好术而计不足则伪。

译文

制定策略时计谋不够就会显得虚伪。

事典

王莽伪善篡汉室

王　莽

字巨君，汉元帝皇后王政君之侄，篡汉建立新朝，在位十五年。公元23年，赤眉绿林军攻入长安时被杀。

镜　鉴

好用权谋却不能掩藏痕迹，便会呈现虚伪之象。

王莽嘴大，下巴短，眼睛鼓鼓的，充满血丝，说话声音很大，但有些嘶哑。他爱穿厚底靴，还戴着高高的帽子，看人时会反身仰视，或远远地向下看着左右两边。有个通晓医术的官员对人说，王莽的眼睛像鹰，嘴巴像老虎，声音像豺狼，这样的人会吃人，也会被人吃。

王莽知道这件事情后，就派人把那个官员杀了。从此，他常常用云母屏风遮掩自己，不是亲信很难见到他的庐山真面目。

王莽在朝中做官，名声很好。他为人谦卑，礼贤下士，把家中的钱财全部周济给别人，自己的日子却过得十分节俭。有一次他的母亲生病，朝中同僚就让夫人到王莽府中问候。王莽的妻子出来迎接，她穿着粗布衣裳，系着麻布围裙，这些官太太开始以为她是仆人，当知道她是王莽的夫人时，都吃了一惊。王莽奉公守法，堪称模范。有一次他的儿子杀死了一名奴婢，他就逼儿子自杀。人们都称赞他不徇私情。

但这些只是王莽的一个方面，另一方面他野心勃勃，心地狭隘刻毒。官员中凡是依附他的，都会被提拔，而那些得罪他的人，就会被他以各种借口杀死。他身边有党羽专门为他打探别人的隐私，弹劾甚至杀死和他作对的人。上朝时，王莽脸色严肃而庄重，他只要做出一个眼神或表情，下面的人就会按他的意图提出建议，为他争取利益。每当这时，他就会伏在地上叩头，流着眼泪坚决拒绝。这样一来，他就博得了皇帝和太后的信任。

王莽的官越当越大，权力也越来越大，但他仍然不满足，居然想实现篡位的野心。一些明眼人还是能够识破王莽的权术，对他并不买账。孔休就是其中的一个。有一次王莽生病，孔休去看他，他就趁机拉拢孔休，把用美玉装饰的宝剑送给他。孔休不肯接受，王莽就说："我只是看你脸上有块伤疤，美玉可以消除伤疤，才想到要把这把剑送你。你不肯要这把剑，就把剑鼻送给你吧。"

孔休仍然不肯接受，王莽又说："你一定是担心这个剑鼻太贵重了吧。"于是他打碎了剑鼻，把碎玉包起来，送给孔休。孔休只好接受，但这以后，孔休就推托自己有病，不再见王莽。

王莽用尽了各种手段，拉拢或打击朝臣，把朝廷的大权牢牢掌握在自己手中。汉平帝生了病，他就效仿周公的样子，把祷告的话写在简册上，去拜祭天地，请求上天保佑平帝早日康复，自己宁愿代替平帝去死。他又故意让大臣们把这件事传出去。

平帝死后，可以继承王位的宗室有四十多人，但王莽看他们大都已经是成年人，不好控制，就选择了两岁的刘婴，让他做了皇太子，自己当上了辅政大臣。他以周公自居，也做出周公的样子，不同的是，周公一心为公，没有野心，但王莽有不可告人的野心。王莽又命令亲信伪造一些祥瑞，为自己称帝铺平了道路。

朝中的大臣这时都看穿了王莽的别有用心，但他们有的依附于王莽，有的害怕惹来祸端，都不敢有所行动。只有期门郎张充等人秘密筹划，想要劫持王莽，立楚王当皇帝。后来他们的秘密被发现，几个人全都被处死了。

就这样，王莽在大臣们的拥戴下，当了皇帝，建立了新朝。但他的面目从此暴露无遗，他也踏上了一条不归路。

人 物

王莽很小的时候父亲就去世了，不久哥哥也死去。他孝母尊嫂，刻苦读书，结交贤士，因此很受好评。王莽是外戚，他对当了大司马的伯父王凤极为恭顺，受到王凤的提携。汉成帝时，王莽当上了黄门郎，后来升为射声校尉。

王莽为人伪善，他一方面礼贤下士，另一方面排斥异己，使自己在朝中的势力越来越大。为了实现篡位的野心，王莽毒死汉平帝，立两岁的孺子婴为皇太子，太皇太后命王莽代替天子临政，称“假皇帝”或“摄皇帝”。但王莽并不满足，在他的授意下，他的亲信不断借各种名目劝进。初始元年（8），王莽接受孺子婴禅让后称帝，改国号为新，改长安为常安。

王莽称帝后，仿照周朝的制度推行新政，改变币制，更改官制、官名，削夺刘氏贵族的权力，引起了朝野的不满。他不断对匈奴和东北、西南各族用兵，并增加赋税，用法苛刻，使百姓处于水火之中，最终导致各地农民纷纷起义反抗，形成赤眉、绿林大起义。绿林军攻入长安，王莽在仓皇中逃到渐台，在混乱中被杀死。

释 评

王莽既是一个野心家，也是一个阴谋家。他最大的长处在于伪装，最大的短处也在于伪装。他在汉朝当官时，几乎没有政绩。当了皇帝，倒是做了很多事情，但都是些糗事，造成的都是负面的影响。

在当时就有很多人反对他，只是皇帝和太后都被他蒙蔽了，有了他们的

庇护，王莽才能够实现自己的阴谋。这不是他的高明，而是皇帝的愚蠢。或者说，遇到了一个比他更愚蠢的皇帝，他就显得聪明了。

原文

是故，钧材而好学，明者为师；比力而争，智者为雄；等德而齐，达者称圣。圣之为称，明智之极名也。是故，观其聪明，而所达之材可知也。

译文

所以说，如果能力相等的人共同学习，聪明的人就会成为老师；如果力量相近的人要争出胜负，有智慧的人就会成为胜者；如果道德品质相同的人共同行事，那么通晓一切知识的人就会成为圣人。圣人之所以成为圣人，就在于他是最聪明、最有智慧的人。所以，观察一个人是否聪明，就能知道他在哪些领域里会取得成功。

事典

王羲之临池成“书圣”

王羲之

东晋书法家，有“书圣”之称。历任秘书郎、宁远将军、江州刺史，并曾为右军将军、会稽内史，世称“王右军”。

镜　鉴

小事上表现出的聪颖，也可以运用于大的领域。

王羲之出身名门世家，伯父和父亲都是晋代的大官。他从小就很聪明，话虽然不多，但机智过人。当时桓温是大将军，很喜欢他。一天他到桓温那里去玩，玩累了，就睡在了大将军的床上。正好有人来见大将军，商量谋反的事。说了一会儿，桓温突然想起王羲之还在这里。如果被他听见，说了出去，就会坏了大事。于是他拔出剑来，到床帐内查看。王羲之知道事情不妙，赶紧装成熟睡的样子，口中还喷着唾沫，弄得被子都湿了。桓温看到他睡得像只小猪，就放下心来，对来人说："没事，他还在睡觉。"就这样，王羲之逃过了一劫，那年他不满十岁。

十三岁那年，王羲之去拜见周顗。周顗是朝中的大官，又是著名的文人，很有名望。周大人和王羲之交谈后，觉得这个孩子与众不同，将来一定会有出息。他留王羲之吃饭，当时烤牛心是一道名菜，在宴席上能吃到这道菜，可是身份的标志。当一盘烤牛心端上来后，其他客人还没有动筷，周大人就先割下一块，让王羲之先吃。这一举动非同小可，表明了周大人对这个少年的看重。大家见了，都对他另眼相看。

王羲之喜爱书法，最早跟随卫夫人学习。卫夫人是他的姨妈，字写得非常娟秀妍丽，有人评论她的书法就像美女头上戴着花在翩翩起舞一样。为了写好字，王羲之外出游历，渡过长江，见到了李斯书法碑刻和钟繇、梁鹄的书法，还有蔡邕用三种字体写下的《石经》。这些人都是大书法家，特别是钟繇，被称为秦汉以来书法的第一人。钟繇练习书法非常刻苦，他学习书法三十年，每次和朋友见面，都讨论书法，有时说着说着，就在地上写起字来。晚上睡觉时，他也用手指在被上写字，时间长了，被子都被磨破了。秦朝通行篆书，汉代书写则用隶书，从钟繇开始创立了真书，也就是我们现在所说的楷书。

看到这些名家的书法，王羲之感觉自己以前真是井底之蛙，甚至觉得跟卫夫人学习是白白浪费时间。学习当然要脚踏实地，一步一个脚印地向前走，但同时，也要树立起远大的目标，让自己的视野更加开阔。他尤其喜欢钟繇的书法，便反复揣摩，又把各位大家的长处加以融合，在钟繇书法的基础上逐步形成了自己的风格。后人常常把钟繇和王羲之相提并论，称为“钟王”。

外出游历使王羲之开阔了眼界，增长了见识。名山大川，对他的胸襟气度也起到了熏陶作用。回来后，王羲之对书法的学习更加努力。据说他每次练习书法后，都会在院子里的池中涮笔，时间久了，竟然把池水都染黑了。当然这可能只是一种传说，但他的刻苦是值得肯定的。他在楷、行、草各种书体上都有贡献，人们说他的字像天上的云一样飘逸，像水中的蛟龙一样矫健。也有人说他的字是“龙跳天门，虎卧凤阙”，总之都是用最美好的词句来赞美他的书法。

王羲之性格率真坦诚，举止洒脱自在，从不贪慕虚荣，也不造作。当时有一位叫郗鉴的人，是朝中的大官。他知道王氏家族的弟子都很优秀，就想在里面选一位来做女婿。他对王羲之的伯父王导谈了自己的想法，王导说：“好啊，你可以任意挑选。”于是郗鉴就派人去王家，王家的小伙子们听说了这件事，都刻意打扮得很光鲜，规规矩矩地坐在那里，只有王羲之毫不在乎，躺在东面的床上，露出肚皮吃饼。派去的人回来对郗鉴一五一十地讲了，郗鉴最后决定选王羲之为女婿，从此，“东床”也就成了女婿的代名词。

王羲之的名气越来越大，朝廷多次请他去做官，他都推辞了。他更喜欢静静地练习书法，或是游山玩水，接受大自然的陶冶。后来在众人的说服下，他到底做了官。他要么不做，一旦做了官，就认真去做，为老百姓做了很多好事。他官至右军将军，所以人们又称他为王右军。

王羲之最著名的书法作品是《兰亭集序》，这是他三十三岁时创作的。那一年是东晋永和九年，即353年，他和四十一位文人在会稽山阴的兰亭聚会，大家饮酒作诗，非常高兴。王羲之用特选的鼠须笔和蚕茧纸，乘着酒兴写下了这篇序。序的文辞优美，书法更是超绝。后来他再重写，却怎么也写不出原来那个样子了。这篇序里有二十个“之”字，每一个“之”字的形态和神气都各不相同。后来，人们把这篇书法称为“天下第一行书”，王羲之也被称为“书圣”。

人物

王羲之是琅玡人，后来移居到了山阴。他出生在晋代著名的门阀之家，因为他做过东晋的右军将军，人们又称他为王右军。

王羲之喜爱书法，他天资聪颖，又勤学苦练，因此成为著名的书法家。他的书法博采众长，楷书师法钟繇，草书学张芝，被誉为“龙跳天门，虎卧凤阙”，后世称他为“书圣”。

释评

王羲之被称为“书圣”，即使在今天，他仍然受到人们的景仰。临池学书，王羲之的书法是不可不学的。

王羲之从小聪明过人。他得到了周大人的赏识，也成功地骗过了桓温大将军。如果他当时死了，今天就没法看到《兰亭集序》这样的书法珍品了，中国书法的历史也可能是另外一个样子。

周顗和桓温应该说都很有眼力。聪明的孩子多的是，但他们都看好王羲之，这一定是他们看出了他聪明之外的其他素质。这其他素质是什么呢？我们可以从王羲之本人身上来考察。

王羲之很聪明，也很机敏。当桓温担心泄密要杀掉他时，他急中生智，装出熟睡的样子。当然，桓温当时是被他骗过了。他的这种素质，在其他事情中也自然会显露出来。

再就是德行。王羲之为人坦诚，自然而不造作，这样就能真实地面对自己和他人，也不会为世俗和虚荣所动。这也是成就大事的重要品格。曾有许多被认为是聪明和素质上佳的人，或被虚名所误，或被小利所累，最终一

事无成。究其原因，他们缺少的就是这种品格，可见道德修养并不是一句空话，更不是毫无用处。我们现在把道德的内涵弄得过于空泛，但这并不是道德本身的过错。

王羲之还知道自己努力的方向，又十分勤奋，这些素质加在一起，想不成功都难。

夫采访之要，不在多少。然征质不明者，信耳而不敢信目。故人以为是，则心随而明之。人以为非，则意转而化之。虽无所嫌，意若不疑。

且人察物，亦自有误。爱憎兼之，其情万原。不畅其本，胡可必信。是故知人者，以目正耳。不知人者，以耳败目。故州闾之士，皆誉皆毁，未可为正也。

本卷精要

- 用人的最高境界在征服人心，谓之“谋圣”。
- 用人之道，忌浮忌泛。要相信内心，不要相信眼睛和耳朵。
- 不要以一己好恶去选拔人才，因为人才不会按照你的喜好去发展。
- 识人用人，切忌武断，还需随时修正自己的错误。

原文

夫采访之要，不在多少。然征质不明者，信耳而不敢信目。故人以为是，则心随而明之。人以为非，则意转而化之。虽无所嫌，意若不疑。

译文

采人之言及访人之事的要点，不在于收集信息的多与少。那些对人的内在与外表认识不清楚的人，往往只相信传闻而不相信自己亲眼所见的事实。因此，大家都认为好的，自己的想法就跟着认为是好的；大家都认为不好的，自己的意见也就跟着转变认为不好。虽然与被考察者没有私人恩怨，但随着舆论变化而改变偏好，自己并没有半点怀疑。

事典

来敏弈棋试费祎

三国时，蜀国的丞相诸葛亮死后，大司马蒋琬因为生病，就一再向后主刘禅推荐费祎，让他代替自己担任益州刺史的职务。于是后主下令，让费祎担任益州刺史，让侍中董允担任尚书令，做费祎的副手。

费祎在当尚书令的时候，战事频繁，公务非常杂乱，但他处理起来举重若轻。他每次读公文，只要看上几眼，就能明白其中的意思，速度比起别人来要快上几倍，而且还过目不忘。

费祎经常在早晨和傍晚听取大家的意见，处理公事，中间接待宾客，饮食娱乐，还要和人下棋，每次都能尽兴，公事也没有因此而荒废。

董允看了，很是羡慕。在接替费祎担任尚书令后，他也想按费祎的方式办公，但只这样干了十天，很多事情就被积压下来。

“没有想到人的才力竟会相差这么大，我远远比不上费祎啊！”董允叹了口气说，于是他放弃了游乐，整天处理公务，听取意见，即使这样，仍

然没有空闲。

光禄大夫来敏也有同感。有一次，后主派大将军费祎率领大军增援汉中，要出发时，来敏到费祎的住处为他送行。

“大将军，趁着大军还没有出发，我们下盘棋如何？”来敏说。

“大夫有如此雅兴，自当奉陪。”费祎笑着回答。

于是，两个人专心致志地下起棋来。大军出征在即，战地公文不断地送进送出，外面士兵们都已披挂停当，战马嘶鸣，刀剑的撞击声和军令声不绝于耳。费祎神情不变，落子如常。

来敏推开棋盘，拜谢说：“大将军，我认输了。我是故意试一试你的。你镇定自若，真的有大将之风，佩服，佩服，此行一定会马到功成的。”

人物

费祎是三国时蜀国的名臣，他从小失去父母，跟随伯父来到蜀地游学，后来就留在那里。刘备平定益州后，提拔他做了官。费祎性情宽厚温和，深得诸葛亮的器重。他多次出使吴国，面对吴国大臣的诘难，他有礼有节，不为所屈。

诸葛亮死后，费祎很快就当了尚书令和大将军。他精心辅政，后在宴会上被魏国的降将郭循刺杀。

释评

费祎在诸葛亮活着的时候就很有贤名，诸葛亮死后，他成为蜀国的重臣，也是众望所归。董允也很能干，他们同是诸葛亮提拔的官员，自然不是庸才。

但人的才能毕竟有高低。董允看到费祎处理公务轻松自若，还不耽误娱乐，所以他接替了费祎的职务后，也想照样办理，却做不到。而且，就算他把全部的时间和精力都用在工作上，也仍然感到难以应付。

来敏也是如此。费祎去援助汉中，他想亲自试试费祎能不能担得了这样的重任。当然，最后他心悦诚服。

一个人是否真正有才能，只有通过亲自考察和了解才能确定。

原文

且人察物，亦自有误。爱憎兼之，其情万原。不畅其本，胡可必信。是故知人者，以目正耳。不知人者，以耳败目。故州闾之士，皆誉皆毁，未可为正也。

译文

况且人们在观察事物时，也会出现错误。人们总是在观察时掺杂着喜欢或憎恶的主观情感，这是人之常情。如果不认真查证人才的本质，怎么可以全部相信别人的评价呢。所以知人善任的人，用眼见的事实来纠正传闻中不实的部分。不知人善任的人，以传闻来败坏眼睛看到的事实。因此对州里乡间的人物，一致赞誉或是一致诋毁的，都不见得是真实的情况。

事典

刘玄德险失凤雏

刘备一向爱惜人才。当时司马徽对他说，卧龙凤雏，得一可安天下。卧龙是指诸葛亮，凤雏是指庞统。刘备听说诸葛亮在隆中隐居，就不顾天寒地冻，带着关羽、张飞，接连去了三次，才把诸葛亮请出来，当了他的军师。

但庞统的待遇就不一样了。诸葛亮神情潇洒、谈吐不凡，而庞统看上去却质朴迟钝、其貌不扬。刘备占据荆州后，庞统就来投奔。刘备见了他很失望，只让他当了个小小的县令。

庞统对这样的安排也很不满意。他到了县衙，整天喝酒作乐，不理政事。刘备见他没有政绩，就下令免了他的官职。

鲁肃听到这消息后，就写信给刘备说，庞统是大才，先生重用他，他的才华才能显露出来。诸葛亮也对刘备说庞统可以重用。于是刘备就召见庞统，和他促膝长谈。

两个人纵谈古今一个晚上，之后刘备长叹了一口气说："先生大才，刘备险些错过了贤才。真是委屈先生了！"他向庞统谢罪，并任命他为治中从事，很快就让庞统和诸葛亮同为军师。

后来，刘璋派法正请刘备到益州一同抵御张鲁，法正私下对刘备说："刘璋无能，不如借此机会夺取益州，这样就可以拯救天下苍生，恢复汉室。"

刘备却举棋不定。庞统也劝道："荆州荒芜，且东有孙权，北有曹操，难以有大的发展。益州户口百万，土地肥沃，物产丰饶，如果真能夺取此地，以为根基，当可成就大业。"

刘备说："如今我们的敌人是曹操。曹操峻急，我便宽厚；曹操暴虐，我便仁慈；曹操狡诈，我便忠诚。凡事与他相反，尽量争得民心。现在要是为了益州而失信于天下，能行吗？"

"凡事不能墨守成规，要随机权变才好。况且吞并弱小，攻击暗昧，逆取顺守，报之以义，正是古人所重视的。只要事定之后，封还他一块土地，还有谁能说您有负信义呢？现在不去攻取益州，到时就会被别人占了先机。"

刘备认为庞统说得有理，就留诸葛亮、关羽镇守荆州，而自己则带领庞统，率领数万兵士进入益州。

庞统在益州时向刘备献上三条密计："暗中挑选精兵，昼夜兼道，直接袭击成都，刘璋没有防备，大军可一举成功，这是上计。杨怀、高沛是刘璋的名将，各自拥有强兵，据守关头，我军说荆州有军情，要回师救援，这两人一定会乘轻骑来见，趁机捉拿，掌握他们的士兵，向成都进发，这是中计。退还白帝城，连引荆州，然后慢慢图谋，这是下计。”

刘备认为中计更可行，就按照计谋杀了杨怀、高沛，挥兵直指成都，一路上势如破竹，很快就打到了涪城。

后来，在围雒城的战斗中，庞统被飞箭射中，不治而死。刘备极为痛惜，认为自己失去了一只臂膀。

人物

庞统是三国时著名的谋士，他的叔叔是当时的名士庞德公。庞德公对他很看重，司马徽对他也另眼看待。庞统去见司马徽时，他正在树上采桑，庞统就在树下和他畅谈天下大势，两人一个树下，一个树上，一直谈到夜深。

庞统先到东吴效力，而后去投刘备。刘备经鲁肃和诸葛亮劝说，重用了庞统。庞统也显露出过人的智谋，他力谏刘备夺取益州，并出谋划策，屡立奇功，不幸在战斗中被流箭射死，被追封为关内侯，定其谥号为靖侯。

庞统死后，刘备为他亲选墓地，葬于落凤坡。

释评

庞统其貌不扬，说话也很慢，属于外拙内秀之人。所以刘备见了他，并不喜欢，可能是看在他有些名气的分上，才给了他个小知县当。

但刘备毕竟不同于常人。由于鲁肃和孔明一致推荐庞统，刘备便认认真真地进行了一番考察：和他谈话。而庞统把锥子放进了自己的口袋里，这样，他自然就脱颖而出了。

刘备并没有因为庞统名气大就重用他，而是基于自己的观察来决定要不要重用。由此可见，识别人才很难。因为再有能力的人，也会出错，要随时准备纠正自己的错误。